内蒙古社会科学基金青年项目（2015C121）资助

基于银行业结构视角的小微企业融资可得性研究

周艳明　著

中国财经出版传媒集团
经济科学出版社
Economic Science Press

图书在版编目（CIP）数据

基于银行业结构视角的小微企业融资可得性研究/周艳明著. —北京：经济科学出版社，2018. 11

ISBN 978 -7 -5218 -0015 -9

Ⅰ. ①基… Ⅱ. ①周… Ⅲ. ①中小企业 - 企业融资 - 研究 - 中国 Ⅳ. ①F279. 243

中国版本图书馆 CIP 数据核字（2018）第 281547 号

责任编辑：刘 莎
责任校对：李 伟
责任印制：邱 天

基于银行业结构视角的小微企业融资可得性研究

周艳明 著

经济科学出版社出版、发行 新华书店经销

社址：北京市海淀区阜成路甲 28 号 邮编：100142

总编部电话：010 -88191217 发行部电话：010 -88191522

网址：www. esp. com. cn

电子邮件：esp@ esp. com. cn

天猫网店：经济科学出版社旗舰店

网址：http：//jjkxcbs. tmall. com

固安华明印业有限公司印装

710 ×1000 16 开 9. 75 印张 200000 字

2019 年 1 月第 1 版 2019 年 1 月第 1 次印刷

ISBN 978 -7 -5218 -0015 -9 定价：34. 00 元

前　言

在中国经济“新常态”的大背景下，小微企业迎来了“大时代”。小微企业在国民经济和社会发展中的重要地位不言而喻：就业的主渠道、技术创新的生力军、经济发展的重要力量、税收的主要贡献者、便民服务的主力军等。无论从我国当前还是从长远经济社会的发展来看，都需要把促进小微企业的健康发展作为重要的基本国策。然而当前，我国经济社会的“正金字塔”和金融服务的“倒金字塔”已经形成了鲜明的对比，处在经济社会下层数量众多的小微企业获得的金融服务严重不足。银行在我国的金融体系中处于主导地位，银行体系是小微企业的主要外部融资来源，银行业结构的调整直接影响着金融服务的布局和小微企业的融资可得性。本书将着眼于此，深入探讨什么样的银行业结构才能更好地促进小微企业获得金融服务，这个问题的解决能够使人们对未来社会的可持续性和包容性增长产生一定的信心，有利于金融向“好的金融”发展，成为推动实现平等社会这个宏伟目标的重要力量。

本书总共八章。第一章是导论，界定了研究对象，搭建了研究框架。第二章是理论基础及文献综述。第三章是世界主要发达国家银行业结构及其支持小微企业融资的国际经验及启示。第四章是中国的实践，回顾了银行业结构的变迁及小微企业融资变化情况。第五章、第六章和第七章则分别从实证层面具体考察了银行业规模结构、市场结构以及股权结构对小微企业融资可得性的影响。第八章结合实证结果和国际经验提出了一些针对性的政策建议。

第二章首先简要论述了理论基础。金融结构理论开创了现代金融发展理论的先河；信贷配给理论，从宏观角度上，回答了小微企业信贷融资所受到的诸如金融抑制、信息不对称等的外部冲击和影响；产业组织理论，从中观角度上，回答了一个行业的集中度与竞争度对小微企业融资可得性的影响；公司治理理论，从微观角度的股权结构回答了商业银行给小微企业的放贷行为和根本动力。其次，从企业自身因素和企业外部因素两个方面，对小微企业融资可得性的影响因素的经典文献做了梳理和评述。这些为提高小微企业融资可得性奠定了坚实的理论基础。

第三章是银行业结构与小微企业融资的国际借鉴。挑选了市场主导体系国家的代表美国，以及银行主导体系国家的代表德国和日本，重点介绍了各国的银行业结构以及银行业对小企业的金融支持，希望在分析我国的银行业结构变迁和小微企业融资变化之后，得到相应的启示。

第四章是我国银行业的结构变迁和小微企业的融资变化情况。通过银行业市场结构、规模结构、股权结构等多角度刻画了银行业结构的演进历程，深入分析了在这些结构变迁的同时，揭示出各种类型金融机构即大型商业银行、股份制商业银行、城市商业银行等对小微企业融资的支持和变化情况。

第五章为银行业规模结构与小微企业融资可得性实证分析。采用世界银行对中国企业的投融资环境的调查数据，运用二元离散 Probit 模型，使用融资可得性的直接衡量方法考察了银行业的总体规模和平均规模对小微企业包括贷款、账户和透支等金融服务的影响。结果表明，银行业各类金融机构在给中小企业提供不同的融资时，各有优势，但其他类金融机构的作用没有显现。银行总体规模比例过大不利于小微企业获得贷款，金融机构的平均规模越小越有利于为小企业提供更好的融资。

第六章为银行业市场结构与小微企业融资可得性的实证分析。采用 HHI（赫芬达尔—赫希曼指数）来衡量银行业的集中度，从我国 31 个省市发展不平衡的区域差异化角度，运用面板数据考察了各省 2010～2014 年 HHI 指数的变化与不同验证了其对各省小微企业融资可得性的影响，并且用各省中小银行的市场占比进行了稳健性检验。结果表明，HHI 指数与小微企业融资负相关且显著，说明银行业集中度越低，小微企业的融资可得性越高，即中小银行的建立有利于小微企业融资可得性的提高，但是，HHI 指数与经济发展水平的交互项系数为负，说明经济发达地区的市场集中度的降低弱化了这种影响，即应该加强中西部地区中小银行的建立，降低经济较落后地区的银行业市场集中度，提高小微企业融资可得性的作用才最明显。

第七章是银行业股权结构与给小微企业放贷行为的实证分析。由于我国的商业银行从国有垄断“一股独大”转制而来，从银行治理的股权结构视角对这一问题进行深入研究具有非常重要的现实意义。国内外学者都认为股权性质和股权集中度对银行的信贷行为有显著的影响，本章选择了 5 家大型国有控股商业银行、11 家股份制商业银行和 22 家城市商业银行做样本，使用各家银行 2010～2014 年的股权结构作为各行小微企业贷款占比的解释变量，考察股权性质和股权集中度对其小微企业贷款行为的影响。结果显示，第一大股东持股比例以及国有股和外资股的比例大小均对其给小微企业的贷款行为具有显著影响。

第八章为银行业结构调整更进一步促进小微企业融资提出相应的政策建议。首先通过对不同金融系统的国家银行业为小微企业信贷融资服务的实践活动得到相应的启示，借鉴世界主要发达国家的经验，并结合实证分析结果，针对我国小微企业融资银行业结构存在的问题提出相应的政策建议。由于小微企业融资可得性的提高是一项系统工程，最后，为保证目标的实现，又提出了一些其他配套措施。

通过上述研究，得出以下主要结论：

第一，银行的总体规模过大不利于小企业融资可得性的提高。第五章通过把银行规模细分为总体规模和平均规模，利用世界银行对中国的调查数据，使用二元 Probit 模型考察了银行业各类金融机构对中小企业金融服务的影响。金融服务包括账户、信贷透支和贷款。研究发现，银行总体规模与小企业金融服务显著负相关；农村金融机构在为小企业贷款方面发挥着重要作用，银行业其他类金融机构的作用没有显现。

第二，银行业市场结构区域发展不均衡使得小微企业融资可得性明显不同。我们用 HHI 指数来衡量我国银行业市场结构，发现银行业集中度越低越有利于提高小微企业融资可得性。但是考虑区域经济发展水平差异化的因素后发现，这种正效应在经济发展水平高的地区会明显下降。虽然引入了各省互联网普及率这个解释变量，但是结果却并不显著。肯定地说，互联网金融有它自身的优势：如突破传统银行服务中时间与空间的局限，能够随时随地为客户提供金融供给、容纳了海量客户，规模经济凸显，单个客户边际服务成本足够低等。也为小微企业拓宽了融资渠道，降低信息不对称性。但是 P2P 平台“跑路”现象频发，使得互联网金融的风险凸现，也给金融监管带来很多新的难题，这个可以作为进一步的研究方向。当前，就银行业金融机构而言，各省互联网普及率并没有成为影响其小微企业融资可得性的重要因素。

第三，股权结构多元化是提高小微企业融资可得性的根本动力。股权结构是影响我国商业银行信贷行为的重要因素。使用股权集中度、股权制衡度 Z 指数和股权性质来衡量商业银行股权结构，对各行小微企业贷款余额占比进行回归分析，发现商业银行的股权结构对小微企业的信贷行为有重要的影响。第一大股东持股比例对小微企业贷款余额的占比的影响是负的。即第一大股东持股比例不易过高。国有股和外资股对小微企业贷款余额的占比的影响都是正的。这个结论暗含着商业银行的股权结构多元化是提高小微企业贷款可得性的重要路径。

第四，银行业结构改革的技术实现路径。2015 年国务院政府工作报告中明确指出“推动具备条件的民间资本依法发起设立中小型银行等金融机构，成熟一家、批准一家，不设限额”。但是，本书对该政策的一个提醒就是要注意平衡银行业区域竞争水平，重点关注银行业集中度依然很大的地区，促进银行业市场竞争区域平衡化，缩小不同地区小微企业贷款难易差异。在中小银行的建立和发展中，要注意推动中小银行专业化经营。专业化中小银行的发展能够促进我国银行业结构的多样化和分散化，增强银行同业的市场竞争能力和金融创新水平，有效防范融资体系的系统性风险。在现代公司治理方面，继续积极引导民间资本、外国资本进入银行业，完善我国商业银行股权结构。

本书的特色和创新主要体现在四个方面：第一，尝试从银行业的“结构全貌”来系统考察小微企业融资可获得性的内涵和外延。本书从供给侧改革的角度，站在银行业金融机构的立场上，选取了银行业结构变迁的视角来分析小微企业融资问题。构建了基于结构观的小微企业融资正规金融服务的理论框架。动态考察了银行业市场结构变迁、规模结构变迁和股权结构变迁对小微企业融资可得性的影响，提出了有利于提高小微企业融资可得性的正规金融发展方向。第二，在银行业市场结构的实证分析中，结合中国各地区经济发展不平衡的实际，不但从区域经济差异化的视角展开研究，并且由于近年来互联网金融的迅速发展，创新性的把各省的互联网普及率作为解释变量纳入模型中。第三，在银行业规模结构的实证分析中，第一次创新性的把规模细分为总体规模和平均规模两个方面，加深了对银行业金融机构规模的理论探析。并且通过把银行业金融机构分为银行、农村金融机构和其他三大类，发现其他类金融机构的作用没有充分显现。第四，创新性的从商业银行治理的微观机制——股权结构的角度，解释了为小微企业服务做出主要贡献的大型商业银行、股份制商业银行和城市商业银行的行为。发现大股东持股比例对小微企业贷款余额占比的影响显著，且为负。第一大股东持股比例和第二大股东持股比例之比、国有股和外资股的影响也均显著，且为正效应。暗含的结果是银行业股权结构多元化有利于提高小微企业的融资可得性。

本书虽从银行业结构的视角对小微企业融资可得性进行了全面的研究，但是由于我国的小微金融研究尚处起步阶段，所以，从实证的角度讲，研究的时间序列不是很长。虽然对银行业的各类结构进行了深入的研究，但是却没有构建出理论模型去量化银行业各类金融机构的系数，这些都是本研究的局限。近年来，以互联网为代表的信息技术高速发展并开始向金融领域渗透，一种不同于商业银行传统金融服务的互联网金融模式应运而生。互联网金融以其独特的优势对传统的以银行为主的融资模式带来很大挑战，对小微企业来说，成为其传统融资方式的有益补充。结合大数据互联网金融的时代背景，探索一条能够破解小微企业融资悖论的有效解决路径，将是我们后续研究的努力方向。

作者

2018年10月

目 录
CONTENTS

第一章　导　论

在中国经济“新常态”的大背景下，小微企业迎来了“大时代”。国家工商总局2014年3月28日发布的《全国小微企业发展报告》显示，截至2013年底，全国共有小微企业1169.87万户，占企业总数的76.57%。将4436.29万户个体工商户纳入统计后，小型微型企业所占比重达到94.15%。这份报告是《中小企业划型标准规定》发布以来，主管部门首次公布的小微企业数据。小微企业已成为国民经济的重要组成部分，是经济持续稳定增长的坚实基础。

一直以来，小微企业在国民经济和社会发展中的重要地位不言而喻：就业的主渠道、技术创新的生力军、经济发展的重要力量、税收的主要贡献者、便民服务的主力军等。我们既需要大企业“顶天立地”，也需要小微企业“铺天盖地”。无论从我国当前还是从长远经济社会的发展来看，都需要把促进中小企业，特别小微企业健康发展作为重要的基本国策。特别是党的十八大以来，小微企业的发展已然上升至国家战略的高度。李克强总理强调，从眼前看，小微企业是吸纳就业的“主战场”，是顶住当前经济下行压力的“重要一招”；从长远看，通过扶持小微企业，鼓励大众创业、万众创新，也是推动中国经济持续发展的“重要一招”①。显然，小微企业已经成为新常态的“突破口”。

小微企业的创新创业及可持续发展有赖于信贷融资服务的全面提升，这无疑是当前乃至相当长一段时间内的一个现实难题。由于历史原因，我国的四大国有商业银行服务的主要对象是国有企业和大企业，一直以来，小微企业在“高大上”的银行面前都被视为“弱势群体”，银行无暇顾及他们的需求，使得我国的金融包容性很低。据有关调查报告显示，小微企业中八成融资得靠民间融资，小微企业融资难问题广泛存在。特别是在金融危机之后，小微企业又面临着国内经济下行压力大的局面，导致小微企业面临着更为严重的融资约束问题。西南财经大学联合发布的《小微企业融资发展报告（2014）》中提到，在争取外部融资时寻找资金来源的优先顺序方面，有74%的企业将银行贷款排在了第一位，显示出银行在当前融资市场占据的绝对主导地位。一方面是小微企业强烈的融资需求，另一方面却是商业银行的金融供给与需求的变化不匹配。可见，构建银行系统支持小微企业的融资服务体系刻不容缓。

① 方烨．国务院推六项政策扶持小微企业．经济参考报，2014－9－18.

第一节　问题的提出及研究意义

一、问题的提出

截至2014年，全国共有小微企业约7000万家，其中，个体工商户约5600万家，法人小微企业约1400万家。而这7000万小微企业规模虽小，但两年里在国家大力扶持下发展迅猛，2014年其年产值19.08万亿元，在GDP中的占比也升至30.0%。同时，据中国家庭金融调查与研究中心（以下简称“中心”）测算，2014年小微企业共吸纳2.37亿人就业，占我国总就业人口的30.7%。作为国民经济发展的生力军，小微企业扮演着越来越重要的角色①。所以，改善广大小微企业的生存状况，为小微企业营造良好的发展环境，就是在帮助中国经济转型。对商业银行而言，持续提升对小微企业的金融服务能力和服务水平，事关我国经济与社会发展大局，对于稳增长、促改革、调结构、惠民生具有重大意义。

随着新技术革命的兴起与经济的迅猛发展，买方市场的日渐形成，消费者的个性化需求导致商品生产进入多品种、小批量的“时代”。随之而来的是企业类型也转向专业化、分散化和小型化。2008年的国际金融危机以来，我国的经济结构调整问题更加凸显：资源价格持续上扬、劳动力和环保成本跳跃式上升、外需持续下滑等。中国的经济结构调整已刻不容缓。这既是经济增长和结构优化的短期压力，也是可持续发展战略的长期需求。当前，就经济增长源泉而言，应从原先依赖资源和资本大量投入的粗放式增长，转向更多地依赖于技术进步的内涵式增长；就产业转型而言，应该转向依赖于众多高科技企业的创立、新技术的使用以及产业的重组；就内外需结构而言，宏观经济整体要降低对低附加值、高污染的出口的依赖，转向刺激和扩大内需。而这一切的转向都有赖于中小微企业的健康可持续发展。

由于技术进步等因素推动产业结构变化从而金融需求结构也会发生变化，金融供需结构的匹配性也会发生变化。金融供给结构必须跟上需求结构调整的步伐。但是目前中国不仅有金融总量供求失衡，而且存在更加严重的结构失衡。中国银行业协会专职副会长杨再平曾将中国金融结构失衡现象描述为“七偏”，即非金融机构的融资结构偏间接融资；金融机构的类型结构偏商业银行；银行市场

① 西南财经大学．小微企业税收政策研究报告，2016-2-25.

结构偏大银行垄断；银行所有制结构偏国有控股银行；银行贷款类型结构偏企业生产经营贷款；银行贷款对象结构偏国有大型企业贷款；金融区域结构偏大中城市（李焰和陈岩，2015）。

“七偏”现象说明中国的金融结构以国有控股大型银行为主体，以国有企业和大中型企业为主要服务对象，直接融资市场作用较弱，面向中小微企业的金融服务更弱。七个偏离反映中国金融结构与金融需求结构不匹配。与对社会的贡献相比较，中小微企业直接获得的金融资源严重不足。如果将社会的自就业群体、农户以及消费者个人也列入金融服务的对象，按照学者郑自强的分析，中国金融结构供求失衡的问题更加严重，表现为位于金字塔顶尖部分的大中型企业和富裕阶层获得了最好的过剩的金融服务，处于中间段的小微企业和工薪阶层获得严重不足的金融服务，而对于金字塔底端的贫困与弱势群体（包括农户）金融服务则严重缺失（李焰和陈岩，2015）。同样观点的还有巴曙松（2012），认为中国当前的金融体系在服务于小微企业群体等方面离实际需求还有巨大的差距。根据全国工商联调查显示，规模以下的小企业90%没有与金融机构发生任何借贷关系。如图1－1所示，经济的正金字塔与金融服务的倒金字塔是理论研究和实践的基础（贝多广，2015）。

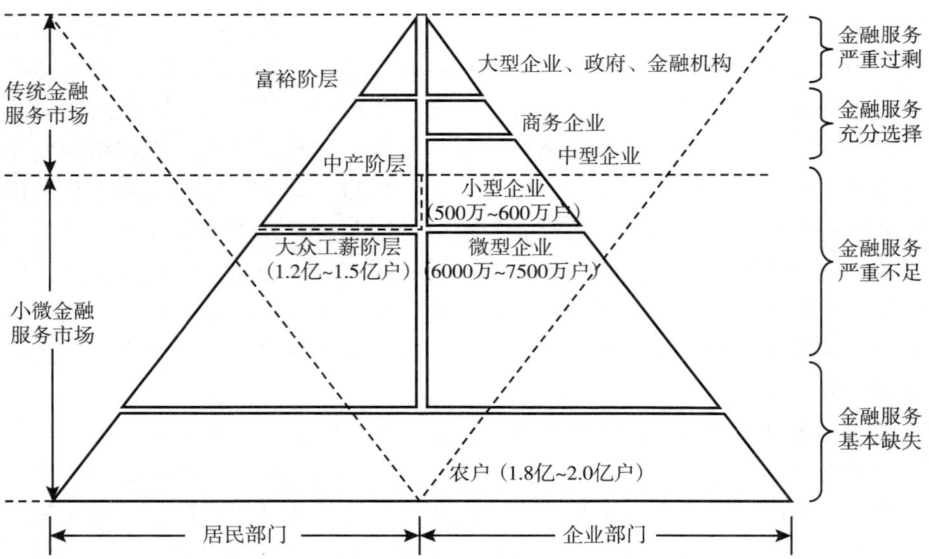

图1－1　经济社会的金字塔和金融服务的倒金字塔

资料来源：贝多广．好金融与好社会：问题的提出和答案．金融研究，2015（7）：24－36.

随着资本市场的不断发展和完善，传统信贷业务的增长正日趋乏力。银行传统信贷的优质客户——大企业开始更多地选择直接融资市场包括股票市场和债券市场来筹集所需的资金，银行的贷款业务越来越难于找到“足够多”的客户。可见，一方面是小微企业的融资需求的旺盛，另一方面却是银行业金融供给服务的短缺，使小微企业金融供需严重失衡。

诚然，自 2011 年四部委发布了《中小企业划型标准规定》，第一次给了微型企业一个合法的牌照之后，以及在银监会一次次地发布《关于做好小微企业金融服务的指导意见》的推动下，我国银行业越来越重视对小微企业的资金支持。目前，银行业结构已经发生了很大的变化，从金融机构类型来看，大型国有控股商业银行不断深化改革，股份制商业银行不断发展，城市商业银行不断壮大，各类新型金融机构不断创建，外资银行不断加入等。那么，大型国有控股商业银行在小微企业融资服务中扮演什么样的角色？到底是大银行还是中小银行更能有效提高小微企业的融资可得性？什么样的银行业市场结构有利于小微企业获得融资？以及在积极扩大民间资本进入银行业，推进银行业金融机构混合所有制改革的当下，不同股权结构的银行对小微企业放贷行为有哪些不同的影响？这些都是需要我们亟待解决的问题。

二、研究意义

本书的研究从实际现象入手，针对小微企业融资需求与银行业供给结构失衡问题，在国内外现有研究的基础上，系统全面地梳理了银行业市场结构、规模结构和股权结构的变迁，在此基础上整理分析了小微企业融资的变化，并用衡量市场集中度的 HHI 指数、金融机构的规模以及银行微观治理机制股权结构对小微企业融资可得性的影响进行实证分析，以期能通过理论探讨、国际借鉴和实证分析为银行业结构的进一步深化改革提供重要参考。本书有如下理论和现实意义：

从理论视角来看，本书以金融结构理论、信贷配给理论、产业组织理论和公司治理理论为基础，建立了一个宏观、中观、微观三维立体的理论框架。打破以往的理论界限和研究局限，为银行业提升小微企业金融服务开辟了新的理论视角。这一努力将可能因其更“混搭”的研究视野，指引后续的研究更加全面、深刻地破解供给侧改革的难题。

从现实意义来看，小微金融在我国正在成为一个越来越引人注目的话题。在国家层面，小微金融似乎已经成为国家经济战略中的一项重要内容；在市场层面，越来越多的企业家愿意投资参与小微金融事业，或者以小额贷款公司的形式，或者以互联网 P2P 的形式等。并且越来越多的高校和科研机构也越来越关注小微金融，如中央财经大学民泰金融研究所每年出版《中国中小微企业金融服务发展报告》、西南财经大学与中国人民银行总行金融研究所共同成立的学术调查研究机构每年出版《中国家庭金融调查报告》以及中国人民大学 2014 年末成立的小微金融研究中心，无不说明小微企业金融服务的研究和实践已经“在路上”。

鉴于最近几年各银行服务小微企业融资数据的积累，才使本书有幸“得逞”。期望能够从银行业结构的视角窥探银行业深入服务小微企业发展的融资路径，探究和构建一套适合社会主义市场经济建设的小微企业信贷融资服务体系，从而为大力推进中国普惠金融发展长远目标的实现贡献微薄之力。

第二节　研究对象界定

在研究内容开始之前，对研究对象有个清晰的界定是非常必要的。本节对本研究的三个关键词分别进行界定：小微企业的界定来自行业标准，融资可得性的界定来自实证分析借鉴，银行业结构界定来自理论探讨。

一、小微企业的界定

（一）世界各国中小企业的界定标准

在后续国际经验一章中，我们探讨了世界主要发达国家的银行业结构及对小企业的支持，由于各国的划分标准不一，查阅到的大多文献都是以中小企业为主要研究对象，所以在此对世界各国中小企业的界定作一简要介绍（见表 1－1）。

表 1－1　全球典型国家中小微企业的界定标准

国家	界定标准	来源
美国	质的规定：独立所有与经营，并在同行业内不占有支配地位 量的规定：雇员人数小于或等于 500 人	美国经济发展委员会
英国	质的规定：（1）市场份额不占支配地位；（2）所有者或经营者独立做出决策 量的规定：（1）制造业雇员人员人数不超过 200 人；（2）零售业人数不超过 25 人；（3）批发业、公路运输业年营业额不超过 45 万英镑；服务业年营业额不超过 170 万英镑等	Bolton 委员会
意大利	雇员人数：手工业企业（10 人以下）；小型企业（10～100）；中型企业（101～500 人）	

续表

国家	界定标准	来源
欧盟	中型企业：雇员数小于250人且年交易额不超过5000万欧元；或者年度负债总额不超过4300万欧元，并且不被其他企业拥有25%以上的股权 小型企业：雇员人数小于50人且年交易额不超过1000万欧元；或者，年度负债总额不超过200万欧元，并且不被其他企业拥有25%以上的股权	欧盟委员会（2003）
澳大利亚	质的规定：所有者在拥有专业知识的同时，由1～2个所有者进行全部重要的决策 量的规定：（1）中型企业的雇员人数：制造业（100～499人），服务业（20～499人）；（2）小型企业的雇员人数：制造业（不超过100人），服务业（不超过20人）	Wiltshire委员会（1973）
俄罗斯	从业人数不超过100人（将企业分为小型和大中型）	联邦中小微企业事务国家支持法案（1995）
日本	制造业：雇员人数≤300人或资本金≤3亿日元； 批发业：雇员人数≤100人或资本金≤1亿日元； 零售业：雇员人数≤50人或资本金≤0.5亿日元； 服务业：雇员人数≤100人或资本金≤0.5亿日元	中小微企业基本法（2000）
韩国	制造业：雇员人数≤300人或资产总额≤5亿日元； 建筑业：雇员人数≤50人或资产总额≤5亿日元； 商业和服务业：雇员人数≤50人或资产总额≤0.5亿日元； 批发业：雇员人数≤50人或资产总额≤2亿日元	中小微企业发展法（1986）
新加坡	年营业额1亿新加坡元以下或雇员不超过200人	新加坡贸工部（2011）

资料来源：根据官方相关文件整理得出。

中小企业的划分目前主要有两个标准：定性和定量。表1-1列出了全球典型国家中小微企业的界定标准。可以看出，由于国家之间经济发展水平和文化背景的差异，界定标准并不一致。

就世界范围而言，中小企业界定的定量标准具有很大的差异：第一类最简单，仅以雇员人数作为依据，如意大利；第二类以雇员人数和资本额或营业额的或然标准作为依据，而且区分不同行业，如日本；第三类则同时采用雇员人数和营业额的并列标准作为依据，而且不同行业具体要求不同，如中国。从一定意义上来说，中小微企业的界定还存在着相对与绝对的转化。区域市场上的大企业在国际性市场上就成为小企业；同时随着经济的不断发展，过去的大企业现在则由于行业的快速发展而成为小企业。中小微企业的研究范畴已经演变成了一个多维衡量的指标体系。

当然，处于特殊目的或者处于特殊阶段也可以有例外规定。以欧盟中小企业界定为例，为鼓励和拓展中小企业融资渠道，风险投资公司或者公益社会团体投资者所投资的企业即使超过了25%的持股上限，也可以享受中小企业的相关税收待遇。

（二）我国小微企业的界定标准

首先，我们需要界定一下“小微企业”的范围，根据2011年国家四部委联合发布的《中小企业划型标准》，将中小企业划分为中型、小型、微型三种类型，具体标准根据企业从业人员、营业收入、资产总额等指标，结合行业特点制定（见表1－2）。

表1－2　中小企业划型标准

行业名称	指标名称	计量单位	中型	小型	微型
农、林、牧、渔业	营业收入（Y）	万元	500≤Y＜20000	50≤Y＜500	Y＜50
工业*	从业人员（X）	人	300≤X＜1000	20≤X＜300	X＜20
	营业收入（Y）	万元	2000≤Y＜40000	300≤Y＜2000	Y＜300
建筑业	营业收入（Y）	万元	6000≤Y＜80000	300≤Y＜6000	Y＜300
	资产总额（Z）	万元	5000≤Z＜80000	300≤Z＜5000	Z＜300
批发业	从业人员（X）	人	20≤X＜200	5≤X＜20	X＜5
	营业收入（Y）	万元	5000≤Y＜40000	1000≤Y＜5000	Y＜1000
零售业	从业人员（X）	人	50≤X＜300	10≤X＜50	X＜10
	营业收入（Y）	万元	500≤Y＜20000	100≤Y＜500	Y＜100
交通运输业*	从业人员（X）	人	300≤X＜1000	20≤X＜300	X＜20
	营业收入（Y）	万元	3000≤Y＜30000	200≤Y＜3000	Y＜200
仓储业	从业人员（X）	人	100≤X＜200	20≤X＜100	X＜20
	营业收入（Y）	万元	1000≤Y＜30000	100≤Y＜1000	Y＜100
邮政业	从业人员（X）	人	300≤X＜1000	20≤X＜300	X＜20
	营业收入（Y）	万元	2000≤Y＜30000	100≤Y＜2000	Y＜100
住宿业	从业人员（X）	人	100≤X＜300	10≤X＜100	X＜10
	营业收入（Y）	万元	2000≤Y＜10000	100≤Y＜2000	Y＜100

续表

行业名称	指标名称	计量单位	中型	小型	微型
餐饮业	从业人员（X）	人	100≤X<300	10≤X<100	X<10
	营业收入（Y）	万元	2000≤Y<10000	100≤Y<2000	Y<100
信息传输业*	从业人员（X）	人	100≤X<2000	10≤X<100	X<10
	营业收入（Y）	万元	1000≤Y<100000	100≤Y<1000	Y<100
软件和信息技术服务业	从业人员（X）	人	100≤X<300	10≤X<100	X<10
	营业收入（Y）	万元	1000≤Y<10000	50≤Y<1000	Y<50
房地产开发经营	营业收入（Y）	万元	1000≤Y<200000	100≤Y<1000	Y<100
	资产总额（Z）	万元	5000≤Z<10000	2000≤Z<5000	Z<2000
物业管理	从业人员（X）	人	300≤X<1000	100≤X<300	X<100
	营业收入（Y）	万元	1000≤Y<5000	500≤Y<1000	Y<500
租赁和商务服务业	从业人员（X）	人	100≤X<300	10≤X<100	X<10
	资产总额（Z）	万元	8000≤Z<120000	100≤Z<8000	Z<100
其他未列明行业*	从业人员（X）	人	100≤X<300	10≤X<100	X<10

由于我国制定微型企业的标准较晚，并且在微型企业的标准出台之前，统计数据一直沿用2003年的划分标准即以中小企业统称中小微企业，并且个体工商户是否一并归入到小微企业范围没有定论，因此小微企业又有“广义”和“狭义”之分。根据中央财经大学《中国中小微企业金融服务报告（2015）》课题组的定义，广义的小微企业从形式上分为两大类，一类是以企业贷款形式发放的小微企业贷款，即小型企业贷款和微型企业贷款；另一类是以个人贷款形式发放的个体工商户贷款和小微企业主贷款。把第一类称为狭义的小微企业。本书采用广义的小微企业的定义进行后续的深入研究。

从各银行的年报上观察，各银行对小微企业贷款的统计数据的标准不一，有的是中小微企业贷款，有的是中小企业贷款，有的是小微企业贷款，各银行口径不一，给数据的使用者带来很大困扰，相信后续会有一个很大的改观。

二、融资可得性的界定

小微企业融资的可获得性是指小微企业获得外部融资的可能性。鉴于我国特殊的国情和小微企业的发展背景，小微企业融资的可得性分为正规金融可得性和民间金融可得性。正规金融可得性是指小微企业从正规金融渠道，即银行业系统获得的融资，而民间金融可得性指从亲朋好友、地下钱庄或高利贷等方式的获得的资金支持。显然，本书选择的研究对象局限在正规金融的范围内。可获得性是指小微企业从正规金融渠道获得所需全部融资额或部分融资额的可能性。

还有一个问题需要澄清，那就是可获得性和不可获得性的区别。2015 年 12 月的中央经济工作会议，明确了 2016 的经济社会发展的五大任务，即“去产能、去库存、去杠杆、降成本、补短板”五大任务。最近，“僵尸企业”进入了高层和学者们的视野。所谓僵尸企业，是指那些无望恢复生机，但由于获得放贷者或政府的支持而免于倒闭的负债企业。本书的研究对象设定为除了僵尸企业之外的那些应该得到银行支持的小微企业。本书暂且不对小微企业进行行业的细分，因为本书追求的是社会公平大目标。

关于融资可得性的衡量，学者们提出了很多不同的方法。从实证类的文献中可以看出，融资可得性的测度主要有两种方法，一种是直接法，另一种是间接法。根据使用的数据而定。数据可以分为调查数据和上市公司数据两类。如果基于调查数据来进行研究的话，那么融资可得性就是指“企业申请的贷款被银行拒绝还是同意”即企业是否获得了银行贷款（Cole，1998），或者更进一步以“实际获得融资额度占期望融资额度的比重”来衡量（罗荷花和李明贤，2016），这种方法被称为直接法。而如果基于上市公司的数据来进行研究的话，那么融资可得性的讨论主要集中在融资约束的缓解上，“投资—现金流敏感性模型”与“现金—现金流敏感性模型”是研究企业外部融资约束问题的两个主流实证框架（姚耀军和董钢锋，2015）。或者用企业短期借款占总资产的比重反映企业从银行获得短期借款的规模；用短期借款和长期借款之和占总资产的比重来衡量企业从银行所得的贷款（谭之博和赵岳，2012）。这种方法被称为间接法。由于数据的限制，除调研数据之外的大量的研究都是采用间接或替代的方法来开展的。

本书根据研究的需要，分别采用了面板数据和横截面数据对小微企业融资可得性进行了实证分析，根据数据特点分别使用了直接法和间接法对融资可得性进行衡量，全面地体现了我国小微企业融资的实际情况。

三、银行业结构的界定

从“银行业结构”的文献中可以看到，截至目前，并没有一个权威的定义，通常情况下人们都认为银行业结构指的就是银行业的市场结构，并以此来开展研究。如林毅夫（2003）的定义为：银行业结构，主要指银行集中度，一般以最大数家银行的资产（存款额、贷款额）占银行总资产（总存款、总贷款）的比例来表示。银行业市场结构是指在银行业市场中银行之间在数量、份额、规模上的关系以及由此决定的竞争形式（王国红，2002）。但实际上，银行业结构包括银行业金融机构的集中程度、竞争程度、规模结构、区域分布等多方面的内容①。并有学者提出中国银行业的主要问题是产权结构单一（刘伟和黄桂田，2002），如果将我国商业银行效率问题置于市场结构和产权结构的二维空间中讨论，陈伟光（2004）发现中国国有银行的低效率问题不是由银行市场结构集中所造成的，而是单一的产权结构和相应的不健全的治理结构的结果。

综上所述，本书建立了一个宏观、中观、微观三维立体的银行业结构框架，即从规模结构、市场结构和股权结构三个维度对银行业结构进行全方位立体化的研究，从而更加深入地探讨我国银行业结构更好的服务小微企业的问题。

第三节 研究内容与方法

一、研究内容

企业融资和银行放贷是一个硬币的两面，以往的研究更多的站在企业的视角研究融资渠道的拓宽，或者把银企关系作为促成银行放贷和企业融资成功的重要因素之一。而在为小微企业提供融资服务的这个问题上，我认为，首先是银行服务观念的转变。银行不是“嫌贫爱富”，也不是“劫富济贫”，而是小微企业发展壮大的重要合作伙伴。过去，“高大上”的银行业从没有把小微企业放在眼里，根据中国人民银行的调查（2003）显示，200 万元以下的融资需求很难获得银行的贷款支持；如今，随着银行业结构的不断变革和小微力量总和的不断放大以及普惠金融的大力推动，银行业开始把小微企业作为战略蓝海。本书把这二者有机地结合在一起，从银行业结构的视角来分析小微企业融资可得性的问题。这个视角于银行业而言，能够明确继续努力的方向；与小微企业而言，能够提高申请银行贷款的信心。

本书总共八章。除第一章导论以外，第二章是理论基础及文献综述，第三章是世界主要发达国家银行业结构及其支持小微企业融资的国际经验，第四章是中国的实践，回顾了银行业结构的变迁及小微企业融资变化情况，发现银行业的市场结构、规模结构和股权结构是影响小微企业融资可得性的重要因素。第五章、第六章和第七章则分别从实证层面具体考察了银行业市场结构、规模结构以及股

① 银行业结构研究课题组．全球银行业结构与发展［M］．北京：中国商业出版社，2012：15.

权结构对小微企业融资可得性的影响。第八章结合实证结果和国际经验提出了一些针对性的政策建议。

第二章首先简要论述了理论基础。金融结构理论，开创了现代金融发展理论的先河；信贷配给理论，从宏观角度上回答了小微企业信贷融资所受到的诸如金融抑制、信息不对称等的外部冲击和影响；产业组织理论，从中观角度回答了一个行业的集中度与竞争度对小微企业融资可得性的影响；公司治理理论，从微观角度的股权结构回答了商业银行给小微企业的放贷行为和根本动力。其次，从企业自身因素和企业外部因素两个方面对小微企业融资可得性的影响因素的经典文献做了梳理和评述。这些为提高小微企业融资可得性奠定了坚实的理论基础。

第三章是银行业结构与小微企业融资的国际借鉴。挑选了市场主导体系国家的代表美国，以及银行主导体系国家的代表德国和日本，重点介绍了各国的银行业结构以及银行业对小企业的金融支持，希望在分析我国的银行业结构变迁和小微企业融资变化之后，得到相应的启示。

第四章是我国银行业的结构变迁和小微企业的融资变化情况。通过银行业市场结构、规模结构、股权结构等多角度，刻画了银行业结构的演进历程，深入分析了在这些结构变迁的同时，揭示出各种类型金融机构即大型商业银行、股份制商业银行、城市商业银行等对小微企业融资的支持和变化情况。

第五章为银行业规模结构与小微企业融资可得性实证分析。采用世界银行对中国企业的投融资环境的调查数据，运用二元离散 Probit 模型，使用融资可得性的直接衡量方法考察了银行业的总体规模和平均规模对小微企业包括贷款、账户和透支等金融服务的影响。结果表明，银行业各类金融机构在给中小微企业提供不同的融资时，各有优势，但其他类金融机构的作用没有显现。金融机构的平均规模越小越有利于为小企业提供更好的融资。其暗含的政策是中小银行为了更好地服务地方经济，可在辖区内建立分支机构，以便充分利用地缘、人缘和信息源为小微企业提供全面的金融服务。

第六章为银行业市场结构与小微企业融资可得性的实证分析。采用 HHI（赫芬达尔—赫希曼指数）来衡量银行业的集中度，从我国 31 个省市发展不平衡的区域差异化角度，运用面板数据考察了各省 2010 ~ 2014 年 HHI 指数的变化与不同对各省小微企业融资可得性的影响，并且用各省中小银行的市场占比进行了稳健性检验。结果表明，HHI 指数与小微企业融资负相关且显著，说明银行业集中度越低，小微企业的融资可得性越高，即中小银行的建立有利于小微企业融资可得性的提高，但是，HHI 指数与经济发展水平的交互项系数为负，说明经济发达地区的市场集中度的降低弱化了这种影响，即应该加强中西部地区中小银行的建立，降低经济较落后地区的银行业市场集中度，提高小微企业融资可得性的作用才最明显。

第七章是银行业股权结构与给小微企业放贷行为的实证分析。由于我国的商业银行从国有垄断“一股独大”转制而来，从银行治理的股权结构视角对这一问题进行深入研究具有非常重要的现实意义。国内外学者都认为股权性质和股权集中度对银行的信贷行为有显著的影响，本章选择了 5 家大型国有控股商业银行、11 家股份制商业银行和 22 家城市商业银行做样本，使用各家银行 2010～2014 年的股权结构作为各行小微企业贷款占比的解释变量，考察股权性质和股权集中度对其小微企业贷款行为的影响。结果显示，第一大股东持股比例以及国有股和外资股的比例大小均对其给小微企业的贷款行为具有显著影响。

第八章为银行业结构调整更进一步促进小微企业融资提出相应的政策建议。通过对不同金融系统的国家银行业为小微企业信贷融资服务的实践活动得到相应的启示，借鉴世界主要发达国家的经验，并结合实证分析结果，针对我国小微企业融资银行业结构存在的问题提出相应的政策建议。由于小微企业融资可得性的提高是一项系统工程，为保证目标的实现，又提出了一些其他配套措施。

二、研究方法

（一）规范分析与实证分析相结合

规范分析是基于一定的价值判断提出分析和处理问题的标准，作为决策和制定政策的依据；实证分析只对经济现象、决策行为及其发展趋势进行客观解析，获得一些规律性结论。就小微企业融资问题，从银行业结构的视角加以分析，选取面板数据和横截面数据进行信息深度挖掘，运用静态回归、动态回归和二元离散回归全面探寻小微企业融资在银行业结构变迁道路上的变化。

（二）历史的方法与逻辑的方法相结合

本书把小微企业融资服务问题放在特定的历史背景下来研究，认为小微企业融资难问题是市场经济发展过程中一系列政策的产物，具有必然性。从银行业结构变迁的基本趋势来分析小微企业融资可得性问题是进一步深化银行业改革，优化小微企业的融资服务的基础。通过对比世界典型国家的银行业支持小微企业融资发展的国际借鉴和中国实践，使用逻辑的方法客观评价并总结出了若干启示，希望能从中汲取经验。

三、技术路线

本书的技术路线如图 1－2 所示。

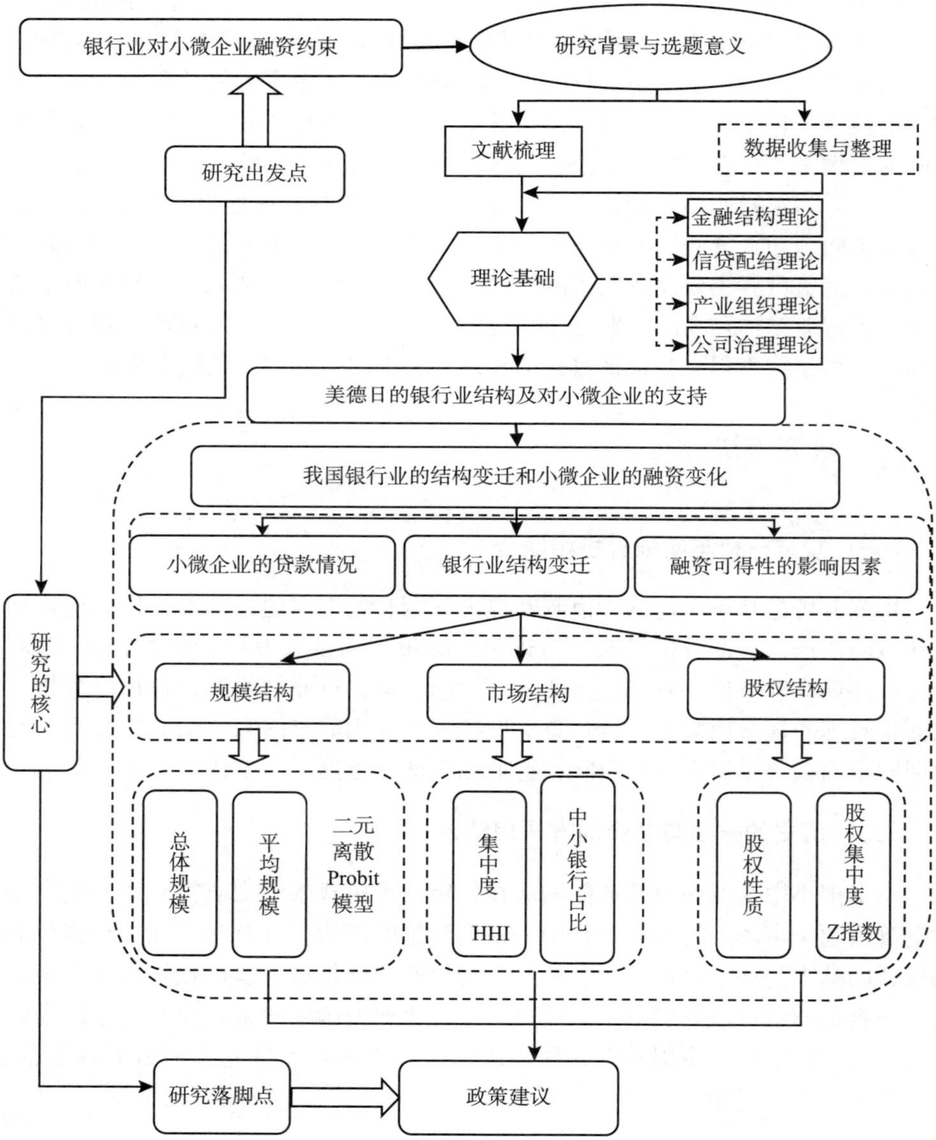

图 1－2　技术路线

第四节 主要创新与不足

小微企业融资问题的研究是一项复杂而艰巨的系统工程，不仅涉及国家宏观金融改革与发展，还涉及各个产业的兴起与衰落。因此，研究难度较大，实现的技术路线也较为复杂。

一、研究特色及主要创新

第一，尝试从银行业的“结构全貌”来系统考察小微企业融资可获得性的内涵、外延以及供给侧与需求侧的结构匹配。构建了基于结构观的小微企业融资正规金融服务的理论框架。动态考察了银行业市场结构变迁、规模结构变迁和股权结构变迁对小微企业融资可得性的影响，提出了有利于提高小微企业融资可得性的正规金融发展方向。

第二，在银行业市场结构的实证分析中，结合中国各地区经济发展不平衡的实际，不但从区域经济差异化的视角展开研究，并且由于近年来互联网金融的迅速发展，创新性的把各省的互联网普及率作为解释变量纳入模型中。结果发现其显著性不高。

第三，在银行业规模结构的实证分析中，第一次创新性的把规模细分为总体规模和平均规模两个方面，加深了对银行业金融机构规模的理论探析。并且通过把银行业金融机构分为银行、农村金融机构和其他三大类，发现其他类金融机构的作用没有充分显现。

第四，创新性的从商业银行治理的微观机制——股权结构的角度，解释了为小微企业服务做出主要贡献的大型商业银行、股份制商业银行和城市商业银行的行为。发现大股东持股比例对小微企业贷款余额占比的影响显著，且为负。第一大股东持股比例和第二大股东持股比例之比、国有股和外资股的影响也均显著，且为正效应。暗含的结果是银行业股权结构多元化有利于提高小微企业的融资可得性。

二、存在不足及后续努力方向

近年来，虽然国内小微企业信贷融资研究的文献呈几何速度增长，但给大多数人的印象却并不深刻。究其根本，问题出在这一实证性很强的研究领域中却很难获取科学、真实和覆盖面广的统计数据。而统计数据匮乏的原因主要在于两个方面。

一是由于小微企业量大面广、管理欠规范、信息不透明，要采集其准确的统计数据确实很困难①。这一情况不仅中国存在，其他国家亦然。因此，也给小微企业信贷融资服务的跨国比较带来了很大障碍。

二是当前很多对小微企业的调查没有权威性。有的文献仅仅根据几百家小微企业的调查就以点概面，有失科学性。但是“田野实验”需要的人力、物力、财力和智力不是一个有志学者和一个小团队能力所能及的。这也导致各类组织和机构根据自身需要，糅合不同标准，造成了数据开发上的混乱。所以我国成立权威的调查机构还是迫不及待。如美国联邦储备委员会和中小企业管理局从 1987 年就开始实施中小微企业融资调查（1998 年后改名为“小企业融资调查”，简称为“NSSBF”），每五年调查一次。很多学者都利用权威性的调查数据做了有意义的研究。

本书虽从银行业结构的视角对小微企业融资可得性进行了全面的研究，但是由于我国的小微金融研究尚处起步阶段，所以从实证的角度讲，研究的时间序列不是很长。虽然对银行业的各类结构进行了深入的研究，但是却没有构建出理论模型去量化银行业各类金融机构的系数，这些都是本书的局限。

近年来，以互联网为代表的信息技术高速发展并开始向金融领域渗透，互联网金融以其难以阻挡的趋势汹涌来袭。余额宝、支付宝、P2P 受到了各方的追捧。互联网金融以其信息透明度高、中间成本低、操作简便、支付快捷、资金配置效率高、进入门槛低等特点对传统的以银行为主的融资模式带来很大挑战，对小微企业来说，成为其传统融资方式的有益补充。结合大数据互联网金融的时代背景，探索一条能够破解小微企业融资悖论的有效解决路径，将是我们后续研究的努力方向。

---

① 王霄，张捷．关于中小企业问卷调查的若干问题——与美国中小微企业融资调查之比较与借鉴[J]．统计研究，2007（8）：26－29.

基于银行业结构视角的
小微企业融资可得性研究

Chapter 2

第二章 理论基础及文献评述

中小企业融资可得性从宏观层面讲，受到金融供给的约束，所以必须从国家金融环境入手；从微观角度讲，受到自身需求的影响，所以必须从公司自身因素出发。基于此，本章从金融学、产业经济学等经典理论入手，再结合融资可得性的内外部影响因素进行阐述和述评。

第一节　理论基础

一、金融结构理论

金融结构理论是有关金融发展问题的最早和最有影响力的研究成果之一，开创了现代金融理论研究的先河。该理论是由比利时美籍经济学家、耶鲁大学教授戈德史密斯（Goldsmith）在1969年出版的《金融结构和金融发展》一书中提出的。在这部著作中，作者对35个国家长达上百年的金融发展及金融结构现状进行了统计分析和比较研究，从而奠定了金融结构理论的研究基础。也就是，在这个坚实的基础上，后人才开始重视和深入研究金融发展理论，从而产生了诸如金融抑制论、金融深化论和金融约束论等众多的丰硕成果。

戈德史密斯认为，“金融发展可以通过金融结构的变化来表现，金融结构是各种金融工具和金融机构的相对规模，金融结构的变动及其在各国的差异会反映在不同金融工具及金融机构的相对增长速度、对不同经济部门的渗透程度、对一国经济结构变化的适应速度和特点等方面”。后来，随着时间的推移和经济金融的发展，学者们不断丰富其内涵。王广谦（2002）强调金融结构是指构成金融总体的各个组成部分的规模、运作、组成与配合的状态，是金融发展过程中由内在机制决定的结果；李健（2003）认为金融结构是指构成金融总体的各个组成部分的分布、存在、相对规模、相互关系与配合的状态。与王广谦的观点一致，她认为，金融结构有静态和动态之分，如果在某一时点上考察金融结构时，它表现为一个静态的既定状况；从历史的角度看，金融结构始终处于动态的演变状况。而这种动态的演变导致了金融发展水平和层次的提升。林毅夫（2006，2009，2011）从最优金融结构视角分析了金融结构，提出了“最优金融结构”理论，认为“最优金融结构”即金融体系中各种制度构成以及其相互关系与该经济体的要素禀赋结构所内生决定的产业、技术结构和企业的特性相互匹配。只要能有效地实现金融体系的基本职能，促进经济发展，在一定发展阶段的经济体具有与其要素禀赋结构所决定的最优产业结构相适应的金融结构即为最优。最优金融结构是内生、客观的，也是动态的，随着该国经济的要素禀赋结构和产业技术结构的提升、企业规模和风险特性的变化而演变。

进入20世纪90年代末期，“两分法”的提出再次将金融结构理论的研究推向高潮。所谓金融结构“两分法”是将世界各国的金融体系按照金融中介机构和金融市场的规模和重要性划分为银行主导型和市场主导型两种模式，分析这两种不同主导型结构对经济增长作用的优劣（Asli Demirgüç - Kunt and Ross Levine，1999）。如果银行的发展比率高，则称为“银行主导型”的结构；如股票市场的发展比率高，则称为“市场主导型”的结构，从而将金融发展具有不同特点和不同阶段的国家划分为“银行主导型”的国家和“市场主导型”的国家。

2002年，同为美国经济学家的富兰克林·艾伦和道格拉斯·盖尔在《比较金融系统》一书中，以美国、英国、法国、德国和日本五国为代表，系统地比较了它们的两种金融体系的形成机制、优缺点以及各自对经济增长的促进作用等，进一步推进了“两分法”金融结构理论的研究。

我国被视为银行主导型的国家，银行业在我国金融体系中起着重要的作用。我们把研究重点放在银行业结构这个视角上。

二、信贷配给理论

信贷配给是经济学中最复杂的理论之一。从古至今，人们一直都没有停止对它的研究。信贷配给的概念，简单的可以把理解为信贷供给方对信贷资金需求方的约束，是信贷市场供需的一种失衡。由于在信贷市场上存在逆向选择和道德风险的信息不对称的情况，银行可以利用利率的选择效应和激励效应来判断不同借款人的还款概率及不同借款人的风险态度和行为。信贷配给表现形式有两种，一种是信贷过度，即在借款人信用状况、抵质押物充足等积极效应的作用下，一部分借款人可以充分得到贷款；另一种是信贷不足，即不满足银行设定条件的借款人，即使愿意支付更高的利率也得不到贷款。

应用最为广泛影响力最大的信贷配给模型可以追溯到斯蒂格利茨和韦斯（Stiglitz and Weiss，1981）的S - W模型。该模型认为，银企间存在的信息不对称，会引起利率提高的逆向选择和道德风险。银行在获取企业信息和监督企业行为方面需要付出高昂的成本，就需要通过在利率和抵押品方面的设计上来保证自己的利润最大化。而借款者则通过项目的选择来最大化自己的利润（Okurut，Olalekan and Mangadi，2012）。

赫尔森和切梅拉尔（Helsen and Chmelar，2014）提出银行为了避免提高利率的逆向选择问题，可以通过限制信贷供给，以较低的利率提供信贷的办法解决。但是这样做的结果会导致需求大于供给，价格没有意义，甚至信贷市场会失去它应有的功能。高额的信贷成本和抵押物的缺失甚至会对整个经济状况起到不利的影响，因为中小企业的投资取决于流动性的可获得与否以及内部资金流量（Campello et al.，2010）。此外，金融市场发展的不完善也会使银行更倾向于信贷配给（Ladime et al.，2013）。

马里克和查克拉波尔迪（Mallick and Chakraborty，2002）认为由于中小企业和商业银行之间存在较大信息不对称，而用于降低这种信息不对称的制度和技术成本过高，使得商业银行尤其大型商业银行偏好大型企业，造成中小企业融资困境。所以信贷配给理论认为解决中小企业融资难的途径就是降低银行和中小企业之间的信息不对称问题，可引入抵押担保机制、缩短借贷距离或通过银行的关系型融资来解决。具体可参见任建军（2009）从信贷配给定义、信贷配给理论发展、信贷配给理论模型、信贷配给实证等几个方面对信贷配给理论与实证文献进行了比较全面系统的梳理。信贷配给理论具有较强的开创意义，为后来的小企业融资理论奠定了坚实的理论基础。

三、产业组织理论

西方产业组织理论在发展过程中共出现过三个主要的学派，哈佛学派（Harvard School）、芝加哥学派（Chicago School）和 20 世纪 80 年代以来在交易费用理论影响下发展起来的新产业组织理论（new industrial organization）。

哈佛学派的代表人物是哈佛大学的梅森（E. Mason）教授和其弟子乔·贝恩（J. Bain）。1959 年，贝恩等以实证的截面分析方法推导出企业的市场结构、市场行为和市场绩效之间存在一种单向的因果联系，即集中度的高低决定了企业的市场行为方式，而后者又决定了企业市场绩效的好坏。这便是产业组织理论经典的“结构—行为—绩效”（Structure - Conduct - Performance，SCP）分析范式。该模型的核心观点是反对垄断，支持竞争。认为垄断的市场结构中，垄断企业总是倾向于提高价格、设置障碍，以便谋取垄断利润，阻碍技术进步，造成资源的非效率配置；只有限制垄断力量的发展，保持市场适度竞争，才能获得合理的市场绩效。哈佛学派建立的 SCP 分析范式，为早期的产业组织理论研究提供了一套基本的分析框架。

芝加哥学派的代表人物是斯蒂格勒（J. Stigler），其理论观点与哈佛学派完全不同，他们认为，仅从为了获取垄断利润这个角度来考虑企业规模的扩大和集中度的提高是有失偏颇的，规模的扩大有可能是由技术因素或规模经济的内在要求决定的，根据规模经济理论，企业的规模经济范围随技术水平的提高而不断扩大，平均成本也随之降低，从这个意义上讲，不仅不会造成资源的浪费，反而会因平均成本的降低而提高资源的利用效率。而可竞争市场理论认为，只要潜在竞争者在进入和退出市场时是完全无障碍的，市场上现有的厂商就总是面临来自潜在进入者的竞争压力，原有企业的定价和产量选择将总是被迫处于一种“无显著超额利润的均衡约束下”。企业规模的扩大或集中度的提高并不意味着垄断程度的提高和竞争程度的下降。另外芝加哥学派更加重视市场结构和企业行为是否提高了绩效，而不是像结构主义者那样只看是否损害了竞争①。

新产业组织理论一改传统理论单纯把市场环境看作是决定厂商行为和市场绩效的外生变量的视角，而是认为市场结构与市场行为和市场绩效是相互作用的，不是单向作用，所以是把它看作是需要在市场分析框架内进行解释的内生变量。在越来越符合实际情况也越来越复杂的假设条件下，利用博弈论中的非合作博弈理论和不完全信息理论对市场竞争的问题进行了深刻的分析。产业组织理论研究综述详见牛丽贤与张寿庭（2010）。

在分析银行业的市场结构时，需要用到产业组织理论的内容，在这里首先予以介绍。市场结构是指在某一个市场中各种要素之间的内在联系及其特征，包括市场供给者之间、需求者之间、供给者和需求者之间以及市场上现有的供给者、需求者与正在进入该市场的供给者、需求者之间的关系。在产业组织理论中，划分市场结构的依据主要有三条：一是行业内现有企业的数目，即市场的集中度，大企业对市场的控制程度。二是产品的差别程度，产品的差别越大，垄断程度就越高。三是进入障碍的大小，进入程度越低，越容易进入，竞争程度就越高；反之，垄断程度就越高。银行业的市场结构就是指在银行市场中各金融要素之间的内在联系及其特征。

四、公司治理理论

公司治理（即法人治理结构），是现代企业制度中最重要的组织架构。1932 年，美国学者贝利和米恩斯首先提出了公司治理结构的概念，开启了众多研究者的关注，并致力于公司治理理论的研究，其中具代表性的是超产权理论、两权分离理论、委托代理理论和利益相关者理论，丰富了公司治理理论的理论基础。

公司治理理论研究的主要问题从广义上理解就是企业权利的一种安排，从狭义角度又可以理解为在公司所有权和经营权分离的情况下，各种权利如

① 牛晓帆．西方产业组织理论的演化与新发展［J］．经济研究，2004（3）：116－123.

何分配才能有利于公司可持续发展的各种有效机制。股权结构是公司治理结构的基础，是指公司总股本中，各种不同性质的股份所占的比例及相互关系。主要包括两层含义，即股权集中度和股权性质，他们内在的决定了公司的治理机制。

公司治理模式主要有三种：英美模式、日德模式和家族模式。英美都提倡个人主义和风险意识，强调追求自由，都实行自由市场经济，政府干预度低，更加重视市场的力量，所以英美模式的公司治理属于高度分散的治理结构；日德模式的主要特点是商业银行是公司的主要股东，处于公司治理的核心地位。家族模式即企业所有权主要由家族成员控制，其具有经营管理权也掌握在家族成员手中，决策权家长化等特点。

早有学者把银行业对小微企业融资支持不足的原因归咎于商业银行的治理问题，如杨晓光和卢授永（2003）认为国有银行长期的产权虚置、所有者缺位使得其对中小企业的金融支持不足。熊熊和张维等（2008）从国内外银行治理结构的角度出发，结合信贷配给理论，对不同治理结构下的银行行为通过建模进行了比较分析，并研究了银行治理结构对中小企业获得贷款的可能性产生的影响，发现我国商业银行治理结构是中小企业很难获得银行贷款的主要原因，并提出改善商业银行治理结构，促进商业银行主动向中小企业贷款是根本对策所在。但是目前为止，并没有见到对这一问题的实证文献，本书第七章将对这一空白进行填补。这也是公司治理理论成为本书的重要理论之一的主要原因。

根据各国经济文化发展水平的差异，商业银行的所有权安排可以分为高度分散型产权结构、相对集中型产权结构和高度集中型产权结构。个人持股和机构投资者持股为主的高度分散型的产权结构以英美两国为代表，与这些国家法律对产权的保护比较充分、市场体制比较完善、证券市场比较发达有关。相对集中型产权结构以日德为代表。在日本商业银行中，在同一集团内实业公司与银行之间相互持股，股权相对集中，集团外持股比例较小。公司从内部股东中挑选经理人，证券市场的作用有限。德国素有全能银行的传统，银行与公司交叉持股比较普遍，其目的是相互建立起稳定的资产和经营关系。高度集中型产权结构则以我国国有银行为代表，国家对其拥有全部的产权。中国的银行体制改革大体遵循了先市场结构改革后产权结构改革的思路。在市场结构改革进程推进到深化阶段后，产权的改革亦同步跟进，分重点、分步骤地对商业银行进行股份制改造和资产重组，并尝试引进国外战略投资者等。在积极扩大民间资本进入银行业、推进银行业金融机构混合所有制改革的当下，研究不同股权结构的银行对小微企业放贷行为的不同影响具有十分重要的现实意义。

第二节　融资可得性影响因素文献述评

20 世纪 90 年代中后期，中小微企业融资问题逐渐成为国内外的研究热点，成为政策制定者和学者们备受关注的研究领域之一。面对这样一个世界性难题，国际学者进行了深入的研究，涌现出的众多的优秀成果值得我们学习和借鉴。

我们搜集整理了被引用频率较高的英文文献，从文献数量上看，按年份的变化情况总体呈现出上升趋势（如图 2 – 1 所示）。从 2001 年开始，十几年来逐年增长，到 2012 年的文献总数达到了 85 篇，是 2001 年的 6 倍多。该研究领域的文章迅速增多，究其原因，一方面是因为中小微企业在各国经济发展中所起到的重要作用被人们所重视，另一方面是中小微企业融资难是一个世界性难题，随着理论研究的不断深入，实践调查研究也越来越丰富，引发了众多学者的研究兴趣与广泛关注（见图 2 – 1）。

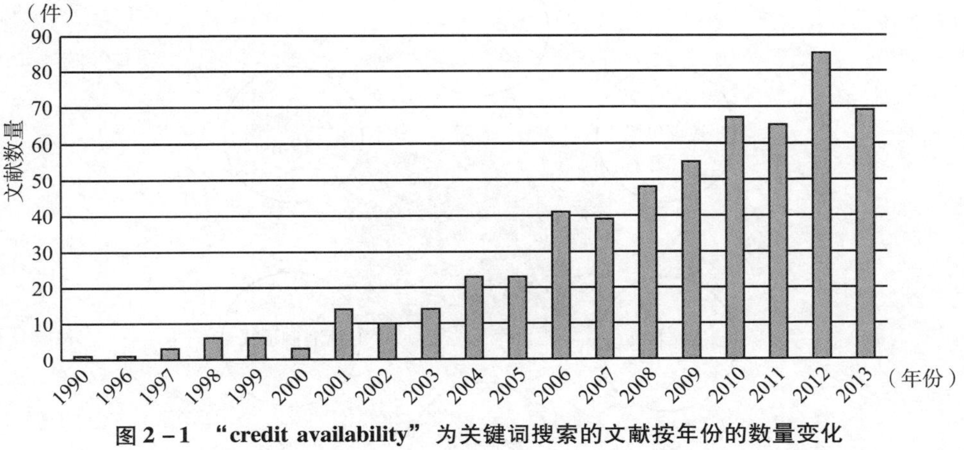

图 2 – 1 “credit availability” 为关键词搜索的文献按年份的数量变化

从文献的研究内容上看，以往的研究形成了两条研究主线：一是循着发展模式的逻辑，强调市场主导金融系统与银行主导金融系统在中小微企业融资上的差异；二是从所处状态出发，比较发达国家和发展中国家在中小微企业融资上的差距，阐明“后发追赶先进”的路径选择。就国内外的研究文献来看，研究领域覆盖了诸如银企关系对中小微企业融资的价值、中小微企业信贷融资的外部冲击、银行竞争中小微企业融资服务的影响等。这些研究成果不仅构建了完善的理论模型，还大量运用复杂计量模型对取得的丰富数据进行经验分析。

通过对中小企业融资可得性的研究进行文献搜集和整理后，发现研究成果的范围十分广泛。既有从企业自身层面出发分析融资可得性，也有从企业外部因素，如制度环境、银企关系、银行规模等角度进行研究探讨的。因此，本节将从这两个方面对已有文献进行深入评述。

一、企业自身因素

中小企业的自身特点是影响其融资决策和融资行为的重要因素，而其融资的可得性与否则最终决定了公司的成长和未来的命运。中小企业的部分企业家异质性特征在我国目前的融资环境下，是影响中小企业银行信贷融资可获性的重要因素（罗正英等，2010）。企业主基本特征对小微企业融资需求及融资可获得性有重要影响（罗荷花等，2016）。下面从企业家特质、公司规模和年龄、所有制形式等因素出发，述评从企业自身角度出发与融资可得性关系的研究文献（见图2－2）。

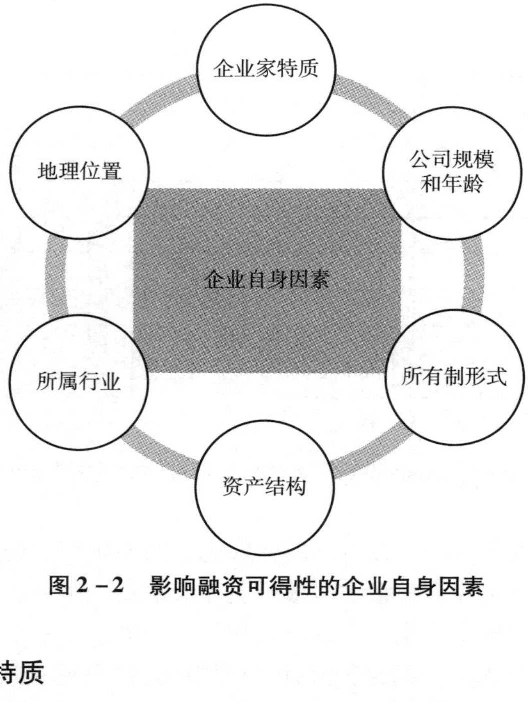

图2－2　影响融资可得性的企业自身因素

（一）企业家特质

企业家的个人特点是影响公司获得外部融资可能性的重要因素之一（G. Cassar，2004，D. Irwin，J. M. and Scott，2010）。特别是中小微企业的所有者，在公司中拥有绝对的主导地位，是最主要的决策者（Coleman，S.，2007）；（Vos，E.，Yeh，A. J.，Carter，S. and Tagg，S.，2007）；（Berggren，B.，Olofsson，C.，and Silver，L，2000）。企业家特质主要包括企业家性别、年龄和受教育程度等。

第一，企业家性别。男性企业家和女性企业家在为公司融资时方式大不相同（Berggren，B.，Olofsson，C. and Silver，L.，2000），（Carter，S. and Rosa，P.，1998）。一份企业的调查报告显示，特别是在公司的启动阶段，公司所有者的性别影响了公司资金的来源。有研究发现，尽管男性和女性在资本类型方面没有太大的区别，但是女性所有者的启动资金明显比男性的要少得多。而且，女企业家使用比男企业家少于一半的资金开展业务，但在与银行打交道时，却面临更多的可信性（Badulescu，A.，2011）。然而有研究利用跨国数据发现女企业家面临着更高的贷款拒绝率和更低的贷款获得率（Muravyev，A.，Talavera，O. and Schäfer，D.，2009）。也有研究提供了女企业家受到信贷歧视的证据，她们多数情况下要支付更高的利率或者被要求提供额外的抵押（Coleman，S.，2007）。

对于企业家性别影响融资可得性的解释大概归因为歧视、能力和表现以及竞争（Harrison，R. T. and Mason，C. M.，2007）。性别影响分为直接影响和间接影响。直接影响主要指男性企业家和女性企业家不同的性格特点所致。间接影响则更多的归因于商业类型、管理和经验的不同（Verheul，I. and Thurik，R.，2001）。有研究分析了借贷双方的性别差异。发现女企业家面临更紧的信贷可得性。信贷员的性别也很重要：女信贷员大都是风险规避者且缺乏自信，当他们面对新的不确定的借款者时比男性同事更倾向于从紧的信贷行为（Bellucci，A.，2010）。

第二，企业家年龄。企业家的个人融资偏好很明显是随着其年龄的变化而变化的。有研究得到的结论是年老的企业家不太可能为公司投资额外的资金（Romano，Tanewski and Smyrnios，2001）。沃斯（Vos，2007）运用了英国和美国两组数据研究了中小微企业的融资行为，结果显示，年轻的所有者更倾向于使用银行透支和贷款，信用卡，自己的储蓄和家庭来源而年长的所有者则明显的依赖于保持的利润。

将中小微企业的融资增长周期与企业家的生命周期结合起来的研究写道：随着公司和所有者的成长，不对称信息下降，负债变得更容易，然而所有者的风险厌恶度和破产的个人成本不断上升，这样企业家宁愿使用更低的杠杆（Briozzo，A. and Vigier，H. 2009）。

第三，企业家的受教育程度和经验。企业家的教育背景与公司财务杠杆的使用是正相关的（Coleman，2007）。企业家的受教育程度的高低是银行为中小微企业提供贷款数额的决定因素，而且，受教育程度高的企业家在与银行家和其他资助者申请贷款时有更大的自信心（Van Auken，H. E. and Neeley，l.，1996）。谈到经验，科尔（Cole，R. A.，1998）发现，企业家经验能够增强企业的信贷可得性。事实上，有研究运用27个国家的数据研究了新成立公司外部融资的决定因素时，把企业家经验作为一个重要的解释变量。结论是企业家经验能够克服新公司面临的复杂的信息不对称和道德风险问题，而且企业家经验有助于从机构投资者处获得融资，是投资保护制度有效的补充（Nofsinger，J. R. and Wang，W. 2011）。从贷款人的角度看，经验丰富的企业家比经验较少的企业家有更好的表现，无论是成功的经验还是失败的经验。在一项风险事业中，成功的企业家，当从事下一个风险项目时，成功的概率是30%，有失败经验的企业家的概率是20%，而没有经验的企业家成功的概率是18%（Gompers，P.，Kovner，A.，Lerner，J. and Scharfstein，D.，2010）。所以，把企业家的经验作为评估小企业是否有资格获得信用贷款的考虑因素之一，是理所当然的。

（二）公司规模和年龄

通常情况下，公司的规模是伴随着公司年龄的增长而不断壮大的。卡萨尔（Cassar，2004）认为，公司规模和公司年龄在企业进行融资决策的过程中起着非常类似的影响作用。文章研究了292家澳大利亚公司的融资方式和资本结构，发现规模大一些的公司更依赖于长期债务和外部融资，包括银行贷款。那么，公司的规模对公司融资可得性的影响程度有多大呢？随着公司的不断成长，与其有业务往来的银行或者信贷机构会逐渐增加，从而提高了其获得贷款的可能性。结论称能够与多家银行和信贷机构打交道的公司获得贷款的可能性比与一家银行联系的公司高出两倍左右（Petersen，M. A. and Rajan，R. G.，1994）。年轻的公司由于没有跟踪已久的信用记录而被以“信息模糊”冠名，从而导致银行和其他金融机构不愿意借款给它（Berger，A. N. and Udell，G. F. 1998）。年轻的公司特别是成立小于4年的公司，更多地依赖于非正规金融，从而远离银行融资（Klapper，L.，Sarria – Allende，V. and Sulla，V.，2002）。公司的年龄对获得外部融资的能力起着重要的正影响力（Quartey，2003）。通过调查研究发现，成立5年以上的公司比小于5年的公司进行信贷申请时，成功的可能性更大一些（Fatoki，O. and Asah，F. 2011）。

（三）所有权类型和法律形式

所有权形式可以作为解释变量加入中小微企业资本结构决策的实证研究中，成为其重要的影响因素之一（Abor，J.，2008）。除此之外，所有权结构和公司的类型对公司自我筹资方面也起着非常重要的作用。从融资人的角度出发，认为中小微企业集中的所有权和被企业家一人控制的模式，导致了信息不对称问题的最大化，使得放贷机构不愿意给他发放贷款，而且即使发放贷款，抵押物的担保要求也成为重要的参考因素（Van Auken and Neeley，l.，1996）。

法律形式是银行提供产品和服务与否的重要决定因素之一。有研究用地中海沿岸和土耳其东南部地区的9个省市970个中小微企业的数据进行研究，得出的结论是公司的资产规模、销售量及稳定性、出口率和法律形式是银行提供产品和服务与否的重要影响因素（Yildirim，H. S.，Akci，Y. and Eksi，I. H.，2013）。卡萨尔（Cassar，2004）认为，有限责任公司更有可能依赖于银行融资。公司可能被银行和其他融资供给者所监督，这是公司正规化和可信度的表现形式。

（四）地理位置

地理位置也被认为是影响公司是否能够获得外部融资能力的影响因素，例如，位于繁华城市之外的中小微企业比在城市中运营的企业获得外部融资，特别是长期债务的困难要大得多（Abor，J. 2008）。离银行较近的中小微企业能够更好地巩固银企关系，结果就是不需要过多的软信息就能够获得关系银行的贷款（Fatoki，O. and Asah，F.，2011）。不好的地理位置无论是客户还是供给方都难以介入，是尼日利亚中小微企业失败的原因之一（Okpara，J. O. and Wynn，P.，2007）。研究者研究了斐济的中小微企业发展面临的挑战和障碍时发现，尽管在城市的房租成本较高，中小微企业主都宁愿承受，而不是把企业建立在乡村，因为乡村的交通不畅，基础设施不健全等特点会给企业的外部融资产生负面影响（Reddy，M.，2007）。

（五）所属行业

很多研究表明，公司所处的行业因素也能够解释资本结构和融资决策，例如，服务行业的融资需求和选择与制造业和建筑业就明显不同。有研究分析了英国10个行业的3500个公司资本结构的决定因素，发现行业因素对于不同行业的短期债务和长期债务的影响很大（Michaelas，N.，Chittenden，F. and Poutziouris，P.，1999）。艾博（Abor，J.，2007）研究了行业分类对加纳中小微企业资本结构的影响，发现中小微企业在农业领域表现出最高的资本结构，而批发和零售贸易行业则是最低的债务比率和资产结构。农业和医药医疗行业比制造业更依赖长期和短期债务。而短期信用则更多的应用在批发零售业；建筑业、宾馆和医院及采掘业则明显地更多的长期融资而非短期负债。研究结果表明，行业因素是中小微企业资本结构不同的重要解释变量。

（六）资产结构

抵押品在缓解中小微企业获得债务融资难的方面起到了不可或缺的作用。中小微企业有越多的固定资产就越倾向于使用更高的财务杠杆（Bradley，M.，Jarrell，G. A. and Kim，E. H.，1984）。因为公司可以把这些资产作为抵押，从而获得较低的利率贷款。这就解释了为什么珂可（Coco，G.，2000）说抵押品是出借人的第二防线。文章整理评述了在信贷市场上普遍使用抵押品的所有解释，认为抵押品只是作为市场上各种各样的不对称信息或者是负面信息的一道屏障，而绝不仅仅是项目质量的信号。通过日本中小微企业贷款市场抵押品和个人担保作用的调查，奥诺等（Ono and Uesugi，2009）发现抵押物的作用与借贷双方的借贷关系长度是正相关的，能够使中小微企业更容易地获得外部资金来源。有人研究了毛里求斯共和国的中小微企业财务杠杆使用的决定因素，与他得到同样的结论，即债务融资受到负债比率和资产结构的影响。也就是说，在申请外部融资时，有形资产占企业总资产的比率越低，成功率越低，因为没有能力提供必要的抵押品（Odit and Gobardhun，2011）。

二、企业外部因素

影响融资可得性的企业外部因素如图 2-3 所示。

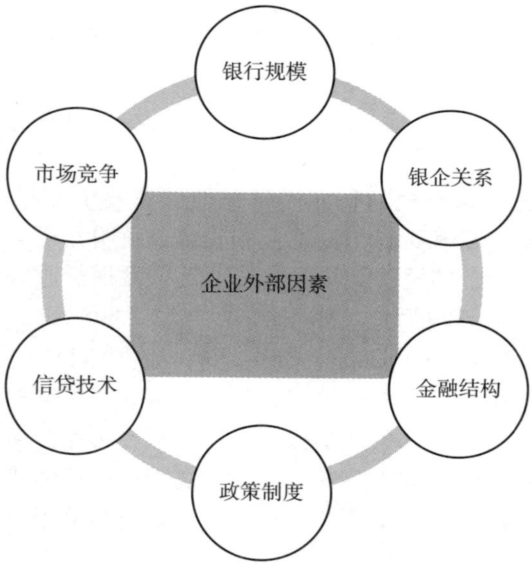

图 2-3　影响融资可得性的企业外部因素

（一）银行规模

早期的研究银行规模的文献中，绝大部分的结论是小银行更有可能愿意、适合、实现给中小微企业贷款（Berger A. N.，Kashyap A. K.，Scalise J. M. et al.，1995；Keeton，W. R.，1995；Jayaratne，J. and Wolken，J.，1999；Weston，J. and Strahan，P.，1996；Berger，A. and Udell，G.，1998；Stein，2002；Berger and Udell，2002；Berger et al.，2005）。“小银行优势”是指小银行在利用“软信息”评估投资项目的时候相对于大银行而言具有比较优势。也就是说，存在“小银行—软信息—关系型贷款—小微企业”，和“大银行—硬信息—财务报表型贷款—大企业”两条路径。

伯格和尤代尔（Berger，A. and Udell，G.，1998）在文章中阐述，小企业融资难最主要的原因就是信息不透明。不像大企业，在签订合同时都是公开广泛的加以报道；而小企业，无论是企业内部的劳动力、供给者还是客户通常都是保密的。除此之外，小企业也不在公开市场发行债券，也不在交易所注册。而且，规模更小一些的企业甚至都没有经审计的财务报表供外部融资的投资者查看。所以，小企业不能有效的向外界传递它的质量信息。传统的观点认为关系信贷是解决小企业信贷信息不透明的路径之一（Berger，A. N. and Udell，G. F.，1995）。由于关系信贷主要依靠信贷员持续、直接的与中小微企业的所有者和管理者打交道而获取的“软”信息来减轻信息不透明的问题。而且斯特拉恩和韦斯顿（Strahan，P. E. and J. P. Weston，1998）认为随着银行规模的扩大和复杂性的提升，管理不当及审批程序复杂、层次多会提高小企业信贷的成本，更加巩固了小银行优势。因为大银行和外资银行不善于处理和定量化“软”信息，并把它们通过正常的交流渠道传给拥有复杂的组织机构的总部，得出的结论是大银行和外资机构对服务中小微企业不感兴趣，不愿意和信息模糊的小企业建立联系。

当学术界和政策圈似乎已经接受了上述观点时，然而，近几年的研究却得出了相反的结论。艾伦伯格（Berger，A. N.，2006，2007）定量分析了小企业从大银行或小银行贷款的可能性以及包括市场规模结构在内的小企业贷款定价分析，发现大银行在小企业借贷中没有非常明显的优势或劣势，认为之前没有包括市场规模结构的研究结论可能会引起误导。也有研究揭示了“小银行优势”这种认识和现实是有差距的。银行已经意识到中小微企业是战略核心而且似乎可以通过扩大与中小微企业的联系而居战略地位（De la Torre A.，Martínez Pería M. S.，Schmukler S. L.，2010）。银行在各种不同的新兴市场涉猎中小微企业，激烈程度既不是由小银行引领的，也不是主要依靠关系贷款的。所有类型的银行都在涉足中小微企业，大银行因其服务功能强而具有优势，它可以通过新技术的应用和风险管理系统为中小微企业提供更广泛的产品和服务。贝尔（Behr，P.，et al.，2013）考察了私企的融资约束，认为银行的放贷行为，特别是它的规模、范围和时间，很大程度上受到银行企业模型的影响，特别是私有和国有银行有着很大的不同。文章应用了一些私营中小微企业数据发现从当地的国有银行借款能够很大程度地减小公司的融资约束，但是对私营银行来说，没有这个效果。而且国有银行的信贷行为是可持续的，因为它没有周期性而且不会带来更大的风险。汉考克和贝尔科斯特（Hancock，D. and J. A. Wilcox，1998）也曾提到，当银行面临资本压力时，大银行和小银行都会减少银行贷款，但是，小银行比大银行减少的贷款量更多。而且，银行资本的下降会导致实体经济活动的减少，GDP的下降会因为小银行资本的下降而不是大银行资本的下降而影响更大。工资、就业和公司的数量也都因为小银行资本的下降而产生不利的影响。所以，小银行的不利经营会给经济带来更大的波动。张晓枚等（2015）使用中国中小微企业的贷款数据验证了危机时期和非危机时期的“小银行优势”假说，发现如果没有预先已经存在的关系，小银行在提供中小微企业融资方面并不比大银行有优势。

国内许多学者支持小银行优势论。林毅夫和李永军（2001）认为，不同的金融机构给不同规模的企业提供融资的成本和效率是不一样的。在综合考虑了各种因素之后，提出大力发展和完善中小金融机构是解决我国中小微企业融资难问题的根本出路。焦瑾璞（2001）在研究银行业的市场竞争格局及其制度分析时提出应该努力塑造众多的各类别具特色的中小银行。张捷（2002）提出，鉴于在对中小微企业贷款上的小银行优势，要从根源上解决中小微企业融资难的问题，必须建立一个以民营中小银行为主体的中小微金融机构体系。林毅夫和孙希芳（2008）对银行业结构的分析着眼于不同规模的银行在银行体系中的相对重要性，度量指标为中小金融机构的市场份额，即四大国有商业银行之外的其他金融机构的贷款余额占各地区全部金融机构贷款余额的比例。他们运用中国28个省区在1985~2002年的面板数据，考察银行业结构对经济增长的影响。结果显示，在中国现阶段，中小金融机构市场份额的上升对经济增长具有显著的正向影响。鲁丹和肖华荣（2008）认为，中小银行的发展滞后于中小企业的融资需求，存在供给缺口。她们从银行解决信息问题的角度，分析国内银行市场竞争结构变化对中小微企业融资效率的影响，发现大银行市场竞争的变化导致中小微企业融资效率的下降，而中小银行逐步成为中小微企业的信贷提供者。姚耀军和董钢锋（2014）系统考察了中小银行发展对于缓解中小企业融资约束的重要性，认为发展中小银行为核心内容的金融改革应在中国金融改革中占优先地位。他们基于新结构经济学最优金融结构理论视角，以欧拉方程投资模型为基础，利用2006~2011年中小企业板上市公司数据和一阶差分GMM估计方法，研究发现，中小银行发展显著降低了企业投资对现金流的敏感性，有效缓解了中小企业融资约束。也有不同的声音，如李华民等（2015）认为2008年以来，大银行机构表现出了面向小微企业融资的积极取向，出现了与主流观点的实践异象，并提出大银行机构的小微企业融资服务的开拓或许是缓解小微企业融资难题的最佳措施，增设小银行机构并不能够解决小微企业融资难题。

（二）银企关系

企业与银行建立关系的最大好处就是提高了信贷的可获得性（Petersen, M. A. and Rajan, R. G., 1994）。很多研究都证明了关系信贷在中小微企业融资中的重要作用。

用什么指标来衡量关系呢？依据银行给公司提供贷款、存款和其他融资的时间来衡量关系的长度，认为关系的长度影响贷款的定价和可获得性（Petersen and Rajan, 1994, 1995；Berger and Udell, 1995；Angelini et al., 1998；Scott and Dunkelberg, 1999；Ongena and Smith, 2000）。依据银行提供的多种服务或多个客户经理来衡量关系的宽度（eg, Nakamura, 1993；Cole, 1998；Mester et al., 1998；Scott and Dunkelberg, 1999；Degryseand van Cayseele, 2000），依据给公司提供贷款的银行是否是唯一的银行来衡量关系的集中度（Harhoff and Koèrting, 1998b；Ferri and Messori, 2000；Machauer and Weber, 2000；Ongena and Smith, 2000；Berger, Klapper and Udell, 2001）等。

关系信贷有什么好处呢？有研究表明，银企之间长期稳定的关系会使企业以较低的贷款利率获得贷款（Berger and Udell, 1995；Harhoff and Koèrting, 1998a；Scott and Dunkelberg, 1999；Degryse and van Cayseele, 2000），能够减少银行对抵押物的要求（Berger and Udell, 1995；Harhoff and Koèrting, 1998a；Scott and Dunkelberg, 1999），能够降低企业对交易型负债的需求（Petersen and Rajan, 1994, 1995），能够提高信贷的可得性（Cole, 1998；Elsas and Krahnen, 1998；Scott and Dunkelberg, 1999；Machauer and Weber, 2000）。彼得森和拉加恩（Petersen and Rajan, 1994）运用1987年美国小企业数据研究发现，如果小企业与某一金融机构有关系就能提高其贷款的可得性。伯格和尤代尔（Berger and Udell, 1995）认为，关系型贷款有助于解决小企业抵押担保难的问题。科尔（Cole, R. A., 1998）研究了公司和银行之间的事先存在的关系是否会扩大公司的信贷。研究发现，信贷机构很有可能对已经提供融资的公司的这种事先存在的关系的客户扩大信贷，但是这种关系的长度并不重要。亚苏达（Yasuda, 2005）研究了过去的借贷关系对借款企业选择债券承销商的作用，发现过去的借贷关系使关系银行被选为债券承销商的可能性大大提高。有研究发现，过去的贷款关系能明显增加后续贷款业务和投资银行业务的可得性（Sreedhar Bharath，2007）。

国内学者在银企关系方面的研究成果颇丰，黄安仲等（2015）以江苏省为例，研究了关系信贷能否缓解中小微企业的金融约束。得出的结论是关系信贷能缓解中小微企业的金融约束，但是缓解的程度与区域经济发展水平存在关系。尹志超等（2015）运用我国某地区 2007 ~ 2013 年数十万笔中小企业的信贷数据，实证研究了银企关系和银行业竞争对中小微企业借贷成本的影响。结果显示，银企关系对中小微企业借贷成本有显著的正向影响，银行业竞争对借贷成本有显著的负向影响。何韧等（2012）认为适应于我国中小微企业和商业银行保持密切联系的关系借贷技术只有在良好的制度环境中才能发挥积极的作用。她们以国内 23 个大中城市的企业调查数据为样本，实证研究了我国不同地区制度环境背景下中小微企业银企关系特征对企业信贷可得性的影响。结果表明，中小微企业保持较多的关系银行数量能够显著增加其信贷可得性。同时，经济发展水平和法制化环境的改善对中小微企业长期银企关系的正向贷款效应也具有显著促进作用。与罗正英等（2011）、周继先（2011）等学者的结论基本一致，即肯定了关系信贷在提高中小微微企业信贷可得性的重要地位。

（三）市场竞争

市场竞争对小企业信贷可得性的影响尚存争议，就像银行规模和银行合并对小企业信贷可得性没有定论一样。其实，三者存在着内在的逻辑关系，比如合并必然会导致规模的扩大，规模的扩大必然导致集中度的提高，集中度的提高就会引起市场竞争的变化。所以多数文献都把银行集中度和市场竞争放在一起进行研究甚至综述（Berger，A. N. et al.，2004）。

总体上说，现有的研究银行业市场竞争对小企业信贷可得性的文献绝大多数都是基于信息假说（information hypothesis）和市场力假说（market power hypothesis）展开的。信息假说认为激烈的竞争会给小企业带来更大的信贷约束。早期彼得森和拉加恩（Petersen and Rajan，1995）以美国中小型企业贷款数据为样本，发现银行集中度较高的市场中，银行由于不担心客户资源的流失，愿意给新生的企业发放利率较低的贷款，待其发展壮大之后再收取相对高的利率以分摊前期成本；反而在竞争激烈的信贷市场中，银行不愿意与处于成长阶段的中小微企业建立关系，使企业获得贷款的机会变小。费舍尔（Fischer，2000）利用德国制造业的数据发现高集中度能够使银行更多的获得信息从而提高信贷可获性。而后，越来越多的研究（Carbó – Valverde，S. et al.，2009；Love，I. and Martínez Peria，M. S.，2012；Chong，T. T. L.，Lu，L. and Ongena，S.，2013；Ryan，R. M.，O'Toole，C. M. and McCann，F.，2014）支持市场力假说，认为竞争会导致利率下降，从而提高公司的信贷可得性。有的研究使用西班牙中小微企业的数据得出银行的市场力越强就越会伴随着更强的信贷约束（Carbó - Valverde，S. et al.，2009）。也有研究认为市场竞争对公司融资可得性的影响依靠公司运营的经济和金融环境（Love，I. and Martínez Peria，M. S.，2012），也就是说，金融发展的水平越高，信贷信息可得性越大就越能减轻这种负面影响，而金融资产的国有化则加剧了这种负面影响。类似的结论贝克（Beck，2004）曾用 74 个国家的数据评估了银行业市场结构对公司银行贷款的可得性的影响。发现银行业的集中提高了中小微企业的融资障碍，特别是在经济发展水平低、银行活动受到管制、政府干预过多及银行所有权是政府的国度里，这种影响更为恶化。

20 世纪 80 年代中期，西方各国逐步放松对银行业的管制，在金融全球化和自由化的背景下，引发了从美国发端并波及其他发达国家和新兴市场经济国家的银行业的并购浪潮，也引起了金融理论界的关注，产生了激烈的争论（Berger and Udell，1996；Berger，A. N.，Saunders，A. Scalise，J. M. and Udell，G. F. 1998；Stahan and Weston，1998；Craig，S. G. and Hardee，P. 2007）。有研究认为，银行业的合并减少了小企业贷款。也有研究却得出了相反的结论（Strahan，P. E. and Weston，J. P.，1998；Peek and Rosengren，1998），阐述了并购后小企业信贷通常会增加的原因。伯格等（Berger et al.，1998）认为小企业信贷随着小银行的合并而增加，随着大银行的合并而减少。随着银行兼并浪潮的继续，关于银行兼并对小企业信贷活动的影响的讨论仍无定论。

国内学者关于银行业集中度的研究成果颇丰，如胡海峰和赵亚明（2012）认为银行业结构的高度集中和专业化中小银行的发展滞后，是我国小微企业陷入融资困境的重要原因。当前，在政府相关政策的鼓励下，以城商行为代表的中小银行已经在实践中摸索出一条专业化服务小微企业的发展模式。傅利福和韦倩等（2015）认为金融业开放程度是影响银行业集中与竞争关系问题的关键因素。当金融业开放程度较低时，银业行集中度的降低可以促进竞争；当金融自由化水平超过临界值时，银行业集中度的高低不能成为调节银行竞争的手段。唐清泉和巫岑（2015）基于我国银行业竞争性同时表现在中小银行与四大行之间、传统的国有银行和新兴的商业银行之间的现实背景，探讨了银行竞争性的市场结构对于企业 R&D 融资约束的影响和作用机理，得出银行业竞争性的市场结构有助于缓解企业 R&D 投资的融资约束的结论，并认为这种影响分别在民营、高科技、小型企业中表现更加显著。

（四）信贷技术

伯格和尤代尔（Berger，A. N. and G. F. Udell，2006）为小企业信贷可得性的

分析建立了一个较完整的概念框架。框架中，信贷技术是政府政策和国家金融结构影响信贷可得性的主渠道。这些技术，反过来对中小微企业信贷可得性有很大的影响。信贷技术是指包括关系信贷在内的几种交易技术。伯格和尤代尔（Berger，A. N. and G. F. Udell，2002）将信贷技术分为财务报表类、固定资产类、信用评分类和关系信贷类。其中前三种信贷技术被称为交易型信贷，一般基于相对容易获得的"硬"信息得出贷款决策，而不是像关系贷款那样基于与借方的关系而获得的"软"信息做出决策。

有研究利用日本的调查数据，研究了给中小微企业贷款使用不同信贷技术的相关性（Uchida，H.，Udell，G. F. and Yamori，N.，2006），如信贷技术之间是否有互补性，是什么因素决定了某种信贷技术的选择。研究发现，尽管财务报表类信贷技术是最常用的，但同时也存在多种信贷技术的交叉使用。也就是说，信贷技术之间存在互补性。研究还发现小银行，特别是拥有软信息的小银行更倾向于使用关系信贷技术。

信用评分技术和关系信贷技术在小企业融资方面的应用是主要的研究方向。有研究发现，信用评分技术降低了借款人和贷款人的信息成本（Frame，W. Scott，Aruna Srinivasan and Lynn Woosley，2001）。伯格等（Berger，A. N.，Cowan，A. M. and Frame，W. S.，2011）利用较新的调查数据，研究了社区银行的小企业信贷所采用的信用评分技术，发现社区银行主要是对公司的主要所有者进行信用评分而不是公司，而且是把小企业信用评分和企业主信用评分同时使用，但更注重于企业主信用评分。德扬等人（DeYoung，R.，Glennon，D. and Nigro，P.，2008）利用中小微企业管理局 1984～2001 年的数据研究了小企业贷款的违约概率，发现信用评分是高违约率的原因之一。伯格等（Berger，A.，Frame，W. S. and Miller，N.，2002）研究了信用评分技术的采用对小企业信贷的可得性、价格和风险产生了哪些影响。结论是对于 10 万美元以下的小额信贷，信用评分技术的使用增加了贷款的可得性，提高了平均价格，增加了信用风险。弗雷姆（Frame，Padhi and Woosley，2004）大银行采用信用评分技术有助于提高在特定地区的小企业贷款的可能性。

（五）金融结构

金融结构与经济增长的关系研究自 1969 年戈德史密斯（Raymond. W. Goldsmith）的著作《金融结构和金融发展》问世以来就成为热门研究课题（Levine，King，Mayer，1988，1990；Corbett and Jenkinson，1996、1997；Demirguc－Kunt，Maksimovic et al.）。将金融结构作为企业融资约束的影响因素的研究是其重要分支。

多数文献认为，金融市场越发达，金融结构越合理，金融发展水平越高，企业面临的融资约束越小，越容易获得外部融资（Rajan，Zingales，1998）；（Demirgüc，1998）；（Beck et al.，2002）；（Saiyid etc，2007）。贝克等（Beck et al.，1999）对金融结构的特点深入研究时发现，如果一国的金融市场越发达，那么与金融中介等机构之间就存在高度的竞争关系，为了适应市场的竞争，这些中介都以最低的成本向资金的供给双方提供信息，此时供给过程能够找到最优的契合点使市场资源配置的功能得到充分的发挥，这时企业外部的融资成本就会变小，企业越不容易受到融资约束。金融结构包括不同的金融机构类型和金融机构的运行条件，伯格和尤代尔（Bergerand Udell，2006）认为，金融结构会影响不同信贷技术的使用从而影响小企业融资难易的程度。有研究揭示了金融体系的结构和发展水平对公司融资约束的影响，认为银行主导型的金融体系对受约束的公司提供了更好的外部融资便利（Baum，C. F.，et al.，2011）。有人研究了19世纪到20世纪初的北大西洋国家的经济，发现金融机构的多样化满足了小企业的融资需求（Cull，R.，et al.，2006）。尽管这些中介机构有很多劣势，却能成功地开发出当地的信息网，为年轻规模小的企业从地区或全国性的机构中获得安全的资金。

国内学者在相关研究方面贡献了较多的成果。除企业自身因素外，一国的金融结构是影响企业融资约束的重要因素（成力为，2013）。作者以公司规模和利息保障倍数为标志划分企业融资约束，用金融结构规模和结构活跃程度反映一国的金融结构，基于20个国家制造业上市公司面板数据对企业融资约束的影响因素分析得到，金融结构相对规模越大，金融活跃程度越高的市场主导型金融系统，投资者可选择的投资工具种类更多，风险更小，受到融资约束相对较小。很多学者，如刘忠燕等（2005）、董裕平（2009），把我国中小微企业融资难的根本原因归咎于我国的金融结构存在的缺陷。在于金融结构调整滞后于经济结构，制约了中小微企业的技术进步，因此应该加强调整金融结构的对策性研究。何德旭等（2008）基于中小微企业信贷可获性因果链的分析表明，我国中小微企业贷款难问题是政策环境、金融结构与信贷技术三方面因素作用的结果。姚耀军和董钢锋（2014）基于新结构经济学最优金融结构理论视角，以欧拉方程投资模型为基础，系统考察了中小微银行发展对于缓解中小微企业融资约束的重要性。黄阳华和罗仲伟（2014）以最优金融结构理论为视角，分析劳动密集型中小微企业转型升级的内涵和转型融资的四大特征，认为当前劳动密集型中小微企业融资是常规融资和转型融资的叠加，解决经济转型和产业升级背景下劳动密集型中小微企业融资问题，必须同时考虑到制度性因素和周期性因素。还通过问卷调查和案例研究，分析了劳动密集型中小微企业转型融资的供求状况，发现银行仍然是劳动密集型中小微企业最为重要的融资来源，但以银行为代表的间接融资渠道并不符合转型融资的需求特征。因此，不仅要通过融资政策加大对劳动密集型中小微企业的扶持力度，更要通过中小微企业公共服务体系建设，降低劳动密集型中小微企业转型升级的综合成本和风险，以缓解劳动密集型中小微企业的融资难题。

也有不同意见的文献，如肯特等（Aslı Demirgüç - Kunt，Vojislav Maksimovic，2002）用40个国家公司层面的数据对企业在不同环境下的外部融资进行了实证研究，选取不同的指标替代股票市场和银行系统，发现金融结构对公司融资约束并无影响。

（六）政策制度

制度环境对企业获取外部融资是非常重要的。外部融资的融资量和融资渠道与产权制度、契约模式甚至是反腐制度都有密切的关系，因为良好的制度环境能够对投资者起到很好的保护作用（Nofsinger，J. R. and Wang，W.，2011）。学者们从经济环境、法律环境、信用环境等方面展开了深入的研究。贝克（Beck，2004）提出了在评估市场竞争度时应该考虑经济发展水平、制度和监管环境的重要影响。因为银行集中度和融资障碍在经济和制度不完善的国家里有很强的相关性，而在制度、金融和经济发展水平高的国家则相关性很小。有研究用48个国家公司层面的数据，考察了制度的发展是如何影响公司融资的。发现在制度不完善的国家里，小公司的外部融资受到很大的限制，但是随着产权保护等制度的完善，小公司比大公司增加了更多的外部融资（Thorsten Beck，Asli Demirguc - Kunt b，Vojislav Maksimovic c，2008）。

法律制度的完善对小企业的融资约束也会起到很大的缓释作用，有人研究了20个转轨经济体的法律环境是如何影响银行行为的，发现在法律功能健康的国度里的银行更愿意给中小微企业贷款，而缺失法律的经济体的银行则更愿意给大企业和政府提供资金（Haselmann，R. and Wachtel，P.，2010）。也有通过对27个欧洲国家2002～2005年的公司层面的数据对债权人保护法律以及法庭执行契约的质量进行考察后发现，当法律制度和司法体系能够给予银行债权切实的保护，银行会更有动力为中小微企业发展提供信贷支持。对债权人法律保护力度较差的国家，由于企业的破产制度不完善，同时执法力度较差，银行针对中小微企业的贷款的信用风险增加，中小微企业银行信贷融资的可获性就会降低（Safavian，M. and Sharma，S.，2007）。有研究分析了欧洲大陆银行主导型体系下的银行和中小微企业之间的关系，发现与银行关系较长的中小微企业获得贷款的能力较强，但是同时他们也承担了更高的成本（Hernández - Cánovas，G. and P. Martínez - Solano，2008）。

唯有公司与银行之间的信任才能提高融资可能性并降低融资成本。所以，只有建立在信任之上的关系才是提高中小微企业融资能力的最佳策略，而不是依靠关系的长久与否或者关系户的多少。莫罗等（Moro，A. and M. Fink，2013）的研究表明，信任降低了代理成本，信任应该与短期贷款的数量成正比，与风险成反比。法国文化的 6 家银行与意大利文化的 3 家银行的数据显示，受到信贷经理信赖的中小企业能够获得更多的信贷。梁华权（2013）考察了货币政策对非国有控股的中小企业信贷融资可获性的影响，研究发现货币政策的变化对中小企业融资有一定的影响，而由于货币政策的变化引起的银行信贷标准的变化是影响中小企业融资的显著影响因素。

企业融资是一项系统工程，对企业本身来讲，涉及生死存亡；对企业外部来讲，涉及整个金融体系的完善与否。特别是对中小微企业而言，其在经济、就业、税收、创新甚至社会稳定等各方面的重要作用日益凸显，中小企业融资可得性的外部环境研究迫在眉睫。

诚然，企业融资可获得与否会受到众多因素的影响。本书为什么要落脚于银行业结构这个视角呢?

首先，从国家政策角度讲，2015 年底，我国开始提出并推行“供给侧”改革，并且把“供给侧结构性改革”作为统领 2016 年的各项经济工作的鲜明主线。这是我国适应和引领经济发展新常态的重大创新，是我们根据新形势的主动选择，也是适应我国经济发展新常态的必然要求。李佐军（2016）① 提出推进结构性改革，需要加快推进几个重要领域和关键环节的改革：一是大力推进国有企业改革，加快改组组建国有资本投资、运营公司，加快推进垄断行业改革；二是加快财税体制改革，抓住划分中央和地方事权和支出责任、完善地方税体系、增强地方发展能力、减轻企业负担等关键性问题加快推进；三是加快金融体制改革，尽快形成投资者合法权益得到充分保护的股票市场，抓紧研究提出金融监管体制改革方案，加快推进银行体系改革；四是加快养老保险制度改革和医药卫生体制改革等。其中之一就是加快金融体制改革，特别是加快推进银行体系改革。

其次，从影响企业融资的外部因素来看，上述影响企业融资可得性的外部因素大多属于银行业结构的范畴，如银行规模、市场竞争。并且按照“两分法”的金融体系划分，我国是银行体系主导的国家，金融结构主要指的也就是银行业结构。从我国融资结构构成表（见表 2－1）中可以看出，新增人民币贷款比例远远大于企业债券融资和股票融资比例。所以，银行业结构几乎是影响企业融资可得性的所有外部因素的关键节点。

---

① 国务院发展研究中心资源与环境政策研究所副所长李佐军，光明网，2016 年 2 月 1 日，为何以供给侧结构性改革统领今年经济工作。

表 2－1　　中国社会融资总量及结构构成

年份	社会融资规模（亿元）	新增人民币贷款（%）	新增外币贷款（%）	新增委托贷款（%）	新增信托贷款（%）	新增未贴现银行承兑汇票（%）	企业债券融资（%）	非金融企业境内股票融资（%）	保险公司赔偿（%）	保险公司投资性房地产（%）	其他（%）
2002	20112	91.90	3.60	1.00		－3.30	1.80	3.10	2.10		
2003	34113	81.10	6.80	2.00		6.20	1.50	1.60	1.50		
2004	28629	79.20	5.10	10.90		－1.00	1.60	2.40	2.10		
2005	30008	78.50	4.70	6.50		0.20	6.70	1.10	2.50		
2006	42696	73.80	3.40	6.30	1.90	3.50	5.40	3.60	2.10		
2007	59663	60.90	6.50	5.70	2.90	11.20	3.80	7.30	1.80	0.10	
2008	69802	70.30	2.80	6.10	4.50	1.50	7.90	4.80	2.20	0.10	
2009	139104	69.00	6.70	4.90	3.10	3.30	8.90	2.40	1.20	0.10	0.50
2010	140191	56.70	3.50	6.20	2.80	16.70	7.90	4.10	1.30	0.10	0.70
2011	128286	58.20	4.50	10.10	1.60	8.00	10.60	3.40			
2012	157631	52.10	5.80	8.10	8.10	6.70	14.30	1.60			
2013	173169	51.35	3.38	14.71	10.63	4.48	10.46	1.28			
2014	164571	59.44	2.16	15.23	3.14	－0.78	14.74	2.64			

第三章　银行业结构与小微企业融资：国际经验

小微企业融资问题是一个世界性的难题，无论是市场主导型国家还是银行主导型国家都存在这个问题。不同国家的银行业都以不同的方式为小微企业做着不同的努力。我们在世界主要发达国家中，分别挑选出美国、英国以及日本和德国作为市场主导型和银行主导型国家的代表，探析其银行业结构在小微企业融资中的重要地位，有助于我们开阔视野，从中“取其精华”，得以借鉴。

第一节　美国银行业结构与对小企业的支持

美国虽然是市场主导型的典型国家，但是它的银行业体系也是具有鲜明意识形态特点和政治色彩。美国政府虽然不直接拥有银行，但在银行业发展过程中扮演重要角色，对银行业体系发挥着关键作用。美国银行业体系具有分散和垄断结合的特点，分散是形式，垄断是本质。受政法制度、经济发展和市场竞争等多种因素推动，美国银行业形成了不同规模、面向不同地区和客户，广覆盖、多层次、多功能的立体化组织结构。

一、美国的银行业结构

自 1781 年美国第一家银行——北美银行成立以来，经过 200 多年的发展，美国逐渐形成了一个包括中央银行、政策性银行、商业银行与专业性银行在内的庞大银行体系。美国银行机构数量居全球之首，但控制整个银行体系并发挥核心作用的是大型银行和具有政府特色的银行机构，这也正是美国允许小银行破产，但主张避免大银行倒闭的根源所在。美国银行业体系具有少数全能型大银行与数以千计的小银行、专业银行相互支撑的结构特点，金融触角遍及经济活动各个层面。我们先来观察一下美国银行业结构的特点。

（一）机构众多，数量庞大

长期以来，美国银行机构数目众多，往往是同时期其他发达国家的数十倍甚至近千倍。20 世纪 90 年代以前，美国银行业系统高度分散，一直没有形成若干大银行的统领银行业的集中化格局。历史上，美国商业银行最多的达 3 万多家。目前，美国各类银行机构（商业银行、储蓄机构和信贷公会）合计超过 1.5 万家，其中 90% 都是小银行。商业银行在银行业中占主要地位。截至 2010 年底，美国共有商业银行 6529 家，资产规模占银行机构总资产额的 84.95%，其中约 86% 的机构资产规模在 10 亿美元以下。全美还有信贷公会 7587 家，占银行机构总数的49.62%，资产总额占比仅为6.22%，绝大多数资产规模不超过1亿美元。储蓄机构和信贷公会对银行业市场形成了有力补充。

美国既有资产上万亿美元的超大型全球性金融集团，也有只有数百万美元资产的微型银行。目前，美国拥有资产超过100亿美元的大型商业银行107家，占银行体系总数仅1.3%，却占总资产份额的78.7%。而资产不到10亿美元的小银行数量高达6990家，占银行总数的91.3%，占银行总资产份额仅10.7%（见表3－1）。

表3－1　美国按规模划分银行数量、总资产及占比（2010年12月）　单位：亿美元

总资产范围	银行机构数	占比（%）	总资产	占比（%）
<10	6990	91.3	13050	10.7
10～100	560	7.3	12980	10.6
100～500	70	0.9	12170	9.9
500～1000	18	0.2	10880	8.9
>1000	19	0.2	73310	59.9

资料来源：FDIC QUARTERLY，2011，VOLUME 5，No.1。

（二）市场集中度与竞争情况：处于垄断竞争状态

指标显示，美国银行业处于低竞争到低寡占状态，前十大银行占据市场份额的54.8%。并且农村市场HHI值远高于城市，表明农村信贷市场集中度更高。原因在于大多数银行服务对象集中于城市，市场规模大，银行相应将大多数网点置于城市；而农村市场容量小，通常由少数几家银行垄断大部分业务①。美国银行业市场竞争程度总体不高，其中，资产超过10亿美元的银行H值（0.2407）低于资产规模小于10亿美元的银行H值（0.2401），表明大银行所受竞争压力更小，小银行竞争更激烈。

二、对小企业的支持

美国中小企业在国民经济中的重要性有目共睹。在1947年美国共有小企业806万家，到2003年增长到2692万家，占全美企业户数的99.9%。它们提供了56.5%的全国私人部门就业，涌现了50%以上的技术创新，实现了47%的企业

---

① 银行业结构研究课题组．全球银行业结构与发展［M］．中国商业出版社，2012：15.

销售份额，实现商品出口占有形商品出口总额的1/3。美国中小企业之所以在经济中占有重要地位并发挥巨大作用，与政府的大力支持有密切关系。

美国中小企业政策性融资活动最早可追溯到胡佛总统建立的复兴金融公司。此后，先后通过进出口银行，20世纪40年代初建立的“小军火工厂管理公司”、第二次世界大战后商务部成立的“小企业办公室”以及1951年成立的“小型国防企业署”等各种机构对中小企业进行支持。1953年《中小企业法》的出台，最终确立了中小企业的地位，中小企业管理局成立，并于1958年被明确为“永久性联邦政府机构”。同年，国会还通过了《中小企业投资法》，组建了为中小企业提供资金支持的中小企业投资公司，以及为中小企业发行债券提供信用保证的债券信用担保基金。

通过政策性金融对商业性金融的诱导、监督和补缺，美国形成了一个包括直接融资、间接融资和政策性融资相结合的中小企业金融支持体系，为中小企业发展发挥了不容忽视的作用。

美国银行曾经历兼并浪潮，在大量银行被兼并的同时也有许多新兴银行出现。实证研究发现，新银行的进入部分抵消了因兼并导致银行数量的减少（Berger，Rosen and Udell，2007）。这些新兴银行基本上都是中小银行，在一定程度上削弱了市场结构变化对中小企业贷款的不利影响。此外，大型银行持股公司采用分权型的企业治理结构，并购的成员银行拥有独立的贷款决策权，在很大程度上减少了贷款中的代理问题，成员银行可以凭借原有组织机构继续收集“软信息”提供关系型贷款。而且由于信息渠道增多，资金来源更充足，银行持股公司成为中小企业贷款的重要提供者。

另一方面，信贷技术的革新促进大银行增加对中小企业的贷款。大银行虽然在提供关系型贷款方面具有相对劣势，但并没有就此退出中小企业贷款市场，反而占据半壁江山。大银行对应用于个人小额消费贷款的信用评分技术引入对中小企业的贷款业务，使中小企业的部分“软信息”转化为“硬信息”，并通过网络共享，降低了信息收集成本和贷款风险，削弱了中小企业对关系型业务的依赖程度。同时，通过不断开发新技术和统计模型以低成本地利用定量数据和财务记录等信息，大银行主要向中小企业发放标准统一、风险更可测的信用卡、网络银行等交易型贷款义务，信用卡已取代银行贷款成为小企业最重要的融资手段。

有数据表明，1997年美国已有67%的银行开始使用信用评分技术来发放中小企业贷款。1998年中小企业金融调查数据表明，有46%的中小企业使用个人信用卡借款，有34.5%的中小企业使用商业信用卡借款。美国最大的小型企业发卡商——美洲银行公司的统计调查显示，平均每家小型企业每年的信用卡消费额在1.1万美元以上（见表3-2）。

表 3 - 2　　美国中小企业事业各种信用工具的百分比

个人信用卡	商业信用卡	汽车贷款	银行信用额度贷款	企业主借款	机器设备贷款	抵押贷款	金融租赁	其他
46%	34. 10%	20. 50%	28%	14. 20%	9. 90%	13. 20%	10. 60%	9. 80%

资料来源：SBA. National Survey of Small Business Finance 1998. tabel1. 1a.

美国的社区银行，即根据美国独立社区银行协会（ICBA）的定义，对于资产规模在 10 亿美元以下，本地所有且独立运营的，主要在其所坐落的社区开展业务的商业性银行机构被统称为社区银行。由于吸收本地存款后不会像大银行那样移到其他地区使用，而是继续投入本地，从而有力推动了本地经济发展。由于社区银行与其所在地区客户往往保持紧密的长期关系，掌握更多客户信息，包括借款人的品德和当地市场的独特特征等（Berger et al.，2002），故可在整个贷款期限内对借款人进行有效的监督。基于这种在信息收集和监督上的优势，主要给本地小企业、农场主和中低收入存款人这三类小型客户提供个性化的金融服务。目前，美国社区银行总资产仅占整个银行体系的 12%，但发放的小企业贷款占全部银行小企业贷款的 20%，在单笔贷款额低于 10 万美元的微型企业贷款中，社区银行的占比更是高达 50%（Paul Merski，2009）。社区银行已成为中小企业主要金融服务的咨询支持机构和重要信贷资金来源。

在上述因素共同作用下，美国中小企业贷款规模持续增长。1994 ~ 2008 年，美国小额贷款笔数和余额分别增长 3. 2 倍和 142%，次贷危机前年均增速分别为 12% 和 5%。从市场结构看，大银行市场份额不断增加。资产超过 100 亿美元的超大银行，小微贷款的市场份额从 24. 95% 大幅增长到 2008 年的 47. 97%；资产规模在 10 亿 ~ 100 亿美元的大银行，其小额贷款的市场份额大致在 20% 左右波动。

第二节　德国银行业结构与对小企业的支持

德国金融体系的特征是全能银行在国民经济中占据主导地位。德国是实行银行主导型金融体制的典范。

一、德国的银行业结构

德国银行体制分为两大类：全能银行和专业银行。全能银行可以从事德国

《银行法》中所提到的所有银行业务，而专业银行一般只从事某种单一的业务。全能银行的“全能”是指各类金融业务都可以经营，业务品种多样化，如商业银行业务、投资银行业务、保险业务等，无论是信贷业务还是证券业务，甚至还可以经营不具备金融性质的实业投资。可见，德国也是实行混业经营最为典型的国家。由于银行参与企业的经营管理，所以银企关系密切是德国银行业的突出特点之一。通常银行不仅提供资金的支持，而且还提供管理咨询等全方位服务，有效地促进了企业的发展。

德国全能银行分为三大类：私有经济为基础的信贷银行、公法储蓄银行和储蓄银行汇划中心、合作银行和合作中央银行。其中信贷银行分为四类：大银行、区域银行、其他信贷银行和外国银行在本国的分支机构。但是，储蓄银行和合作银行的数量明显多于信贷银行，主要原因是信贷银行的业务发展主要集中于城市，储蓄银行和合作银行的发展重心则侧重于乡村，它们的分支机构如雨后春笋延伸到每一个乡村。

在德国银行业中，国有银行和合作金融机构等非私人控制银行占有相当重要的比重。德国国有银行（储蓄银行和州银行）的资产占全能银行资产总额的47.6%。合作金融机构资产规模占全部全能银行比重16%左右。机构数量在1100家左右，占全部银行的60%，是提供地方金融服务的主要力量。一小部分大信贷银行、全国银行控制了较小的省银行，全国银行通常吞并几家地区性银行保持领先地方，以适应经济发展的需要。因此，德国的四大银行集团控制了全部的产业信用。

二、对小企业的支持

德国银行业对小企业的支持最大的特点就是银企关系密切，主要原因就是银行以股东和放款人的双重身份对企业实行监督和约束。德国中小企业在国民经济中占据着重要的地位（见表3－3）。

表3－3　德国中小微企业在国民经济中的地位

类型	企业的数量		雇员的人数		增加值（百万欧元）	
	价值	百分比（%）	价值	百分比（%）	价值	百分比（%）
微型	1373537	82.5	3900504	18.9	164.766	15.9
小型	244016	14.7	4565380	22.1	189.009	18.2
中型	39641	2.4	3971022	19.2	199.453	19.2

续表

类型	企业的数量		雇员的人数		增加值（百万欧元）	
	价值	百分比（%）	价值	百分比（%）	价值	百分比（%）
中小微企业	1657194	99.5	12436906	60.1	553.228	53.2
大型	8135	0.5	8235305	39.8	486.118	46.8

来源：Eurostat SBS data base，2004 and 2005 data。

德意志银行是支持中小企业的政府机构，是一个完全隶属于联邦德国政府并受公众法律制约的金融机构。主要通过各种方式解决中小企业成长过程中面临的主要问题：对新创立的企业实施净资产援助项目，即以发放的贷款替代净资产，一旦发生企业破产违约的风险，该项贷款即作为净资产的替代负有全部偿还责任；且这种援助的前几年，贷款都是零利息或非常低的利息，大力支持了新企业的成立和成长。也有许多资助贷款是通过作为转贷银行的地方银行提供，地方银行获得低息的再筹贷款，并承担债务拖欠的全部风险，不过转贷银行可以为这些外部资本贷款申请40%或50%的倒赔债务免除。

复兴信贷银行（Krcditanstalt für Wiederaufbau，KfW）同政府出资设立的中小企业贷款“担保银行”（Burg schaftsbank）和参股公司（Beteiligungsgesellschaft）是执行中小企业金融支持的政策性机构。KfW 成立于 1948 年，成立之初并不是一家专为中小企业融资服务的银行，其主要业务集中在基础设施和基础工业等领域。20 世纪 50 年代中后期开始关注中小企业融资，尤其是联邦德国的不发达地区，直到 1971 年，才推出了第一个“中小企业振兴计划”，其承诺额度达到了 2.5565 亿欧元（5 亿德国马克）；到 1989 年，这一额度增长了 11 倍。自 1990 年开始，KfW 的融资活动主要聚焦在新联邦的建设上。东西德统一后的前 8 年，65000 家中小企业企业从复兴信贷银行获得了高达 500 亿马克的贷款，创造了 250 万个就业岗位。此外，KfW 还积极开发金融创新工具如中小企业贷款证券化等，为中小企业融资创造了更为便利的环境。2003 年，KfW 和德国清算银行（DTA）合并后重新执行“中小企业振兴计划”。2007 年起，KfW 的“小企业计划”很好地改善小型和微型企业的财务状况。2009 年，复兴信贷银行旗下的中小企业银行创造了 238 亿欧元承诺额度的历史记录，而到 2010 年，KfW 集团的总资产达到了 4523 亿欧元，强有力地支持了中小企业的发展。

第三节　日本银行业结构与对小企业的支持

日本金融体系由中央银行、民间金融机构、政府金融机构三部分组成，其中民间金融机构是日本金融体系的核心。

一、日本的银行业结构

日本国有银行的数目仅有6家，占银行总数的1%，反映了日本银行业的高度私有化。但日本的国有银行规模都较大，资产总额和存贷款总额占比分别为19.5%和11.3%。私有银行有590家，日本人口数约为1.2亿人①，平均每20万人就有一家私有银行，可以看出私有银行在银行业中的主导地位（见表3－4）。

表3－4　日本银行按所有制属性分类

银行类型	机构数量	机构数量占比（%）	资产总额（亿美元）	资产总额占比（%）
国有	6	1.006	30974	19.5
私有	590	98.993	127868	80.50

日本的银行业中资产总额在10亿～500亿美元的中小银行的数量占机构总数的70%，网点数占75.7%，说明中小银行在日本数量众多。虽然日本资产总额超千亿的大银行只有25家，但是资产总额和存贷款总额占比分别为67.2%和63.3%，说明日本银行业的集中程度相对较高，少数特大银行主导了日本银行业（见表3－5）。

表3－5　日本银行按资产规模划分

资产范围	银行机构数量	占比（%）	资产总额	占比（%）
0.1亿～0.5亿美元	2	0.33	0.8	0
0.5亿～1亿美元	6	1.006	6.6	0.004
1亿～5亿美元	52	8.72	154.5	0.1

① 数据来源：日本总务省统计局2007年12月发布的《平成17年（2005年）国势调查》。

续表

资产范围	银行机构数量	占比（%）	资产总额	占比（%）
5 亿～10 亿美元	75	12.6	572.1	0.36
10 亿～100 亿美元	302	50.7	10850.7	6.7
100 亿～500 亿美元	115	19.3	2753.9	17.3
500 亿～1000 亿美元	20	3.4	12914.4	8.1
1000 亿美元以上	25	4.2	106805.8	67.2

二、对小企业的支持

日本是一个中小企业占比很高的国家，被称为“中小企业之国”。据 2010 年日本中小企业厅的统计资料表明，日本现有国内企业 4210070 家，其中，中小企业 4197719 家，占企业总数的 99.7%，就业人数占总就业人数的 66.2%，中小企业所创造的产值占国内生产总值的 54.9%，是支撑日本经济的主要力量（见表 3－6）。

表 3－6　日本经济中的中小微企业的地位

	企业数量	雇员数量	创造的增加值
制造业	99.6（87.8）	62.6（18.3）	47.7（6.9）
批发业	99.1（68.9）	69.8（10.3）	66.0（5.7）
零售业	99.7（86.1）	64.8（22.8）	71.4（15.8）
合计（非农产业）	99.7（87.0）	69.4（23.2）	n. a.

注：数据反映的年份为 2006 年；括号中为小企业的数据。
资料来源：White Paper on Small and Medium Enterprises in Japan 2008。

金融自由化后，大企业的融资有了更多选择，银行的中心开始转移到中小企业上。部分大银行对中小企业的贷款甚至占到了贷款总量的 73%[①]。所以，中小企业是日本银行的主要服务对象。

① 童适平．战后日本金融体制及其变革，1998：108.

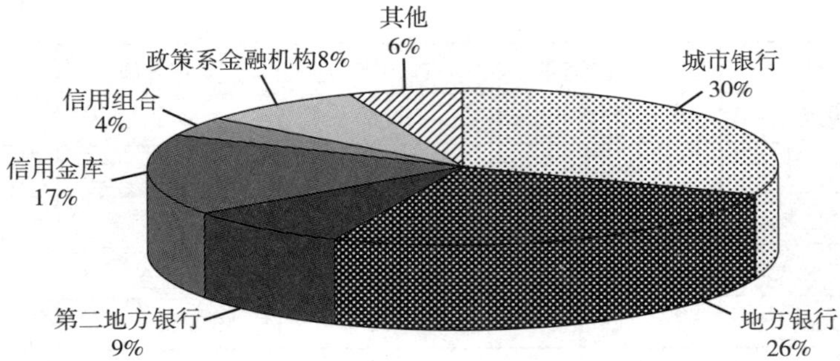

图 3－1　日本不同银行类型的中小微企业贷款占比（2008 年 9 月）

图 3－1 说明了日本不同类型银行的中小微企业贷款占比情况，主要是民间银行类金融机构和政策性金融机构。前者主要是城市银行、地方银行、互助银行和信用金库等民间金融组织；后者是以政府出资为主成立的三大政策性金融机构——国民金融公库（主要面向中小企业提供短期贷款以保证日常生产）、中小企业金融公库（主要提供长期固定利息贷款，重点支持新企业、高科技企业等）和商工组合中央公库（政府股本占 78% 的半官方性质的特殊金融机构，主要办理存贷款业务并发行金融债券为中小企业协同组合和中小企业团体提供优质稳定的贷款）。政策性金融机构提供的贷款利率一般低于市场利率 2% ～3%，期限长，覆盖面广。同时，政府还允许建立全国信用联合会，形成全国性的民间金融经营系统，以调剂资金降低风险。

综上所述，日本银行业为中小企业提供了全面的金融服务，保证了中小企业的资金供应，政府引导、担保支持和民间金融机构积极配合实施，共同实现了银行业与中小企业的良性互动和共同发展。

第四节　若干启示

小微企业融资问题是一个世界性的难题，特别是金融危机冲击后，抗击风险能力相对较弱的中小企业面临着更加严峻的融资困境，不论在美国、在欧盟国家，还是在其他国家，这一现象都不同程度地存在。第三章我们分析了美国和德日两个不同金融体系国家的情况，下面结合我国的实践，提出一些有益的启示，希望在未来发展的道路上能够有所借鉴。

一、处理好“分散”与“集中”的关系

美国的银行业是从分散走向集中的一个过程，而中国恰恰相反。这是中国地域广，人口和市场规模大，城乡间、地区间经济结构差异大的国情使然。通过做加法，成立更多的满足不同地区和客户群体的金融需求，还可以为社会创造更多就业机会。通过分散最终形成于与国内产业结构、地区结构、城乡结构相适应的，市场竞争力强的银行业体系，形成几家或十几家具有国际竞争力的全球性银行、若干区域性银行与成百上千具有地方优势的中小银行并存的格局，从而有效发挥银行业对经济的影响力，这是目前我国银行业做加法的重要意义所在。但是本研究认为在银行业金融机构做加法的过程中，要注意分散只是形式，集中才是实质。在分散的过程中，不能失去主动权。要处理好“分散”与“集中”的关系。

在分散的过程中，竞争随之而来。适度竞争对于银行是有利的，但竞争过度则会危害到银行体系的安全。从我国目前情况来看，随着部分城市信用社、农村信用社的改制完成以及新型农村金融机构的兴起，我国银行业的竞争程度不断加剧。尤其在东部发达地区，出现一定的过度竞争苗头，一些银行甚至采取高息揽储等非法手段进行不正当竞争。避免过度竞争对银行体系造成损害。所以，要适度竞争而不是过度竞争。

二、培育立体化的银行业结构

一个国家的金融系统只有能有效覆盖每一个微观层面上的社会经济活动，经济活动过程中的信息能最大限度计量化，该金融系统才能有可能实现金融资源的高效和合理配置，才能更精确的度量金融风险。目前，中国尚未建立立体化的银行业结构，银行业在机构类型、服务层次、业务领域等方面存在同质化现象。虽然近几年中国村镇银行、城市银行等不同类型银行机构也获得快速发展，但在专业化方面还难以满足不同经济领域和经济体的差异化需求。

中国要建立立体化的银行业结构，关键需要各种专业化银行欣欣向荣的发展。应建立和完善系统的中小企业信贷体系和住房信贷体系；进一步完善农业信贷体系。在上述体系中明确商业银行、政策性银行和相关保险体系的分工和合作，处理好政府与市场、安全与盈利的关系。此外，还应鼓励各种特色银行的发展，如社区银行、网络银行等。在这些方面，可以借鉴美国相关专业化银行发展和运作的经验。当然，构建立体化银行体系必须建立与之适应的更完善的立法和

监管制度，提高对银行业市场的管理能力，否则即可能出现金融市场的混乱。

三、中小银行立足本地，服务地方经济

与美国相比，德国的银行业结构和中国有更多的相似之处：都是银行主导的融资结构，银行都是企业外源融资最为主要的组成部分；国有银行在银行体系中占据重要地位等。但是，中国银行业与企业之间保持着一种“距离融资”方式，因为中国的银行不能对企业进行直接投资，因此，对企业治理的参与程度远不及德国银行业。与德国相比，中国的专业银行体系有明显的弱势，由此产生了产业、地区以及客户发展不平衡的问题。而德国银行体系的发展中，不同股权结构以及不同类型的银行并存，在推动商业信贷机构的市场化的同时，德国还保留了大量的提供特定金融服务的专业信贷机构，为促进地区、产业以及中小企业的平衡发展产生了积极的影响。

日本中小银行以地方银行为代表。地方银行一般将总行设在某地方城市，并以总行所在的都道府县为主要营业区域。据日本全国地方银行协会统计，日本全国目前共有63家典范银行，地方银行大部分都是中小规模的银行，通过与地方产业、地方公共团体的网络，同本地区社会保持着密切的联系，服务于地方经济。发放的贷款中有一半以上都是发放给地方的，吸收的存款中有70%多来自于地方。地方银行的服务对象以地方中小企业为主，2010年地方银行所发放的贷款中，有71.4%贷给了地方中小企业①。我国中小银行应该注重在本区域发展，坚持以服务地方经济、服务城乡居民和服务中小企业为主要原则，在组织和发展地方经济中发挥越来越大的作用。

① 银行业结构研究课题组．全球银行业结构与发展．中国商业出版社，2012（12）：302.

第四章 银行业结构变迁与小微企业融资：中国实践

与美国等市场主导型的金融系统不同，我国是以银行为主导的金融体系。因此，银行业的改革和发展在我国金融体系乃至整个经济体系的改革进程中都占据着十分重要的地位。从我国银行业三十多年的改革来看，我们是通过金融机构的建立、改制和引进来推动金融组织主体多元化、多样化的。从国有银行的改制，到股份制商业银行、城市商业银行和村镇银行的建立和发展，再到外资银行机构的引进，无不说明了这一点。通过金融机构的改革，我国逐步建立了适应市场经济多层次、多类型的银行服务体系，推动了银行体制改革的深化，使中国银行业市场真正成为有竞争的市场。但是，中国的金融体制存在严重的结构问题，而最主要结构性问题是国有大型金融机构占主导地位，中小金融机构发展严重不足，民营的金融机构发展严重滞后，中小企业融资难、融资贵是这个结构失衡的一种突出表现（徐明棋，2015）①。本章从我国银行体系的结构变迁角度观察小微企业的融资情况变化。

第一节　我国银行体系的发展历程和现状

一、我国银行体系发展历程

从新中国成立到现在，随着我国经济翻天覆地的变化，我国银行业也变得更加多样、更加独立、更加稳健、更加成熟。下面从新中国成立以来分六个阶段讨论我国银行业的发展和变迁。

1. “大一统”的银行体系的形成与运作：1948～1978 年

改革开放之前，我国实行计划经济体制，国家对金融实行“大一统”的全权管理方式。没有中央银行和商业银行之分。一切由政府主导，并承担一切风险。全国 90% 以上的资产都有政府掌握。

2. 中国二元银行体系的初步建立：1978～1984 年

这一阶段是我国银行业改革的准备与起步阶段。改革的主要内容就是要打破原有的“大一统”的银行体系，建立二元银行体系：中国人民银行真正行使中央银行的职能，货币的发行与信贷在制度上分开；成立中国工商银行、中国农业银行、中国建设银行和中国银行四大专业商业银行，各分其工，各司其职。同时，

① 徐明棋．全面理解资本市场发展的规律［J］．探索与争鸣，2015（09）：28－29.

各类地方性非银行金融机构也开始建立，资金管理体制发生转变。

3. 中国多层次银行体系的构建：1985～1994 年

这一阶段我国银行业改革取得实质性进展最快的一个阶段，银行业的发展和改革主要表现为：一是国有商业银行的改革，打破资金分配上的“大锅饭”，逐步强化银行的资金约束，并打破银行业间的业务限制，并开始推行责、权、利相结合的企业化管理改革。二是股份制商业银行的建立，随着大批集体企业、私营企业、和中外合资企业在国民生产总值中的比重不断上升，原有的国有银行体系不能满足经济社会的发展需求，一些全国性的股份制商业银行应运而生。1986 年，交通银行重组为股份制的综合性商业银行，继而招商银行、中信银行和华夏银行、兴业银行等 10 多家股份制商业银行相继成立。除此之外，就再这一阶段我国相继成立了专门办理政策性信贷业务的国家开发银行、中国进出口银行以及中国农业发展银行三大政策性银行，从而为国家专业银行向国有独资商业银行的转变创造了有利条件。

4. 中国银行业商业化改革的全面推进：1995～2002 年

这一阶段是国家专业银行向商业银行转变的阶段，主要任务是通过内部经营体制的改造，以及增量改革，把国家专业银行办成真正的商业银行。在这一阶段，两部法律的实施使得银行业的改革的法律环境不断完善，即 1995 年通过的《中华人民共和国中国人民银行法》和《中华人民共和国商业银行法》，这两部法律明确了中国人民银行的中央银行地位，并为银行商业化改革提供了法律保障。也是在这个阶段，城市商业银行如雨后春笋，在各大城市纷纷成立或由城市信用社改组而成，成为我国银行体系中重要的有活力的成员。

5. 中国银行业现代化改革阶段：2003～2013 年

这一阶段是各类银行现代化改革的重要阶段：商业银行面临重组与公开上市等股份制深入改革，政策性银行在新形势下也开始探索新的业务模式，城市商业银行不断发展壮大面临市场化改革，同时，外资银行开始大量进入。我国银行业迎来了繁荣发展，更具挑战性的重要阶段。良好的宏观运行机制是银行业健康发展的外部环境制度，2003 年 4 月中国银行业监督管理委员会成立，负责对银行、政策性银行、金融管理资产公司、信托投资公司、企业集团财务公司、金融租赁公司、汽车金融公司等进行统一监管，使这一外部环境机制作用明显，保障了银行业健康有序的发展。也是在这一阶段，四大国有商业银行先后上市，银行业的进入门槛不断放开，鼓励社会资金参与中小金融机构的重组改造，稳步发展各种所有制金融企业。从 2007 年开始，银监会将交通银行和四大国有商业银行一起归为大型商业银行。至此，我国银行业多元化的结构体系已逐步形成。

6. 中国银行业全面深化改革阶段：（2014 年至今）

2014 年是全面深化改革开局之年，大型商业银行不断健全公司治理，强化履职能力建设，完善绩效考评机制。稳步推进事业部制和专营部门制等改革，对理财、同业等业务进行流程再造和转型发展。随着银行业资产规模的不断增加，大银行的集团化经营不断完善，建立表内外、境内外、本外币、母子公司等多维度全覆盖的风险管控机制，加强集团并表全面风险管理。中小商业银行围绕“改革、创新、提质、控险”的改革发展主题，以优化治理机制为突破口，以服务实体经济为基础，以防范风险为底线，以依法合规为准绳，不断增强科学管理和可持续发展能力。建立小微支行、社区支行等便民服务网络，不断下沉业务重心。随着互联网金融的热潮涌现，结合互联网、移动设备、大数据等网络信息技术广泛应用的新趋势，银行业不断加强产品创新、服务创新和渠道创新，提高服务标准，降低服务成本，规范服务定价等金融系统深化改革的步伐不断加快。

二、我国银行体系发展现状

截至 2014 年底，我国银行业金融机构包括 3 家政策性银行、5 家大型商业银行、12 家股份制商业银行、133 家城市商业银行、665 家农村商业银行、89 家农村合作银行、1596 家农村信用社、1 家邮政储蓄银行、4 家金融资产管理公司、41 家外资法人金融机构、1 家中德住房储蓄银行、68 家信托公司、196 家企业集团财务公司、30 家金融租赁公司、5 家货币经纪公司、18 家汽车金融公司、6 家消费金融公司、1153 家村镇银行、14 家贷款公司以及 49 家农村资金互助社。2014 年，5 家民营银行获批筹建，其中 1 家开业，1 家信托业保障基金公司设立。截至 2014 年底，我国银行业金融机构共有法人机构 4091 家，从业人员 376 万人。①

第二节　银行业结构变迁

因为金融机构对中小微企业信贷供给能力受金融机构规模、市场结构类型、所有制结构等方面的影响（马九杰，2004），并且第一章我们已经对银行业结构给了全面的解释和界定，本节就从银行业的市场结构、规模结构和股权结构三个角度厘清我国银行业的结构变迁。

---

① 数据来源：中国银行业监督管理委员会 2014 年年报.

一、规模结构变迁

改革开放以来，我国的金融产业获得了突飞猛进的发展，在国民经济运行中的地位也越来越重要。从金融总量上看，2003～2013年，10年的时间，银行业金融总资产翻了近5.5倍。从资产占比上看，虽然大型商业银行占比稳居第一，但是有一直下降的趋势。从2003年的58%到2014年的41%，已经下降了17个百分点。而股份制商业银行、城市商业银行和农村商业银行的比重则逐年上升。股份制商业银行的资产比重到了2014年达18.12%，城市商业银行的资产比重达10.49%，加上大型商业银行的资产占比，三类主要商业银行的资产占比达70%。而其他类银行业金融机构的占比十几年来没有明显变化（见表4－1、图4－1）。

表4－1　　银行业金融机构总资产情况表（2003～2014年）　　单位：亿元

机构	2003年	2004年	2005年	2006年	2007年	2008年	2009年	2010年	2011年	2012年	2013年	2014年
银行业金融机构	276584	315990	374697	439500	531160	631515	795146	953053	1132873	1336224	1513547	1723355
政策性银行	21247	24123	29283	34732	42781	56454	69456	76521	93133	112174	125278	156140
国有商业银行	160512	179817	210050	242364	285000	325751	407998	468943	536336	600401	656005	710141
股份制商业银行	29599	36476	44655	54446	72742	88337	118181	149037	183794	235271	269361	313801
城市商业银行	14622	17056	20367	25938	33405	41320	56800	78526	99845	123469	151778	180842
农村商业银行	385	565	3029	5038	6097	9291	18661	27670	42527	62751	85218	115273
农村合作银行			2750	4654	6460	10033	12791	15002	14025	12835	12322	9570
城市信用社	1468	1787	2033	1831	1312	804	272	22	30			
农村信用社	26509	30771	31427	34503	43434	52113	54945	63911	72047	79535	85951	88312
非银行金融机构	9100	8727	10162	10594	9717	11802	15504	20896	26067	32299	39681	50123
外资银行	4160	5823	7155	9279	12525	13448	13492	17423	21535	23804	25628	27921
新型农村金融机构和邮政储蓄银行	8984	10850	13787	16122	17687	22163	27045	35101	43536	53511	62100	70981

资料来源：中国银监会2014年年报.

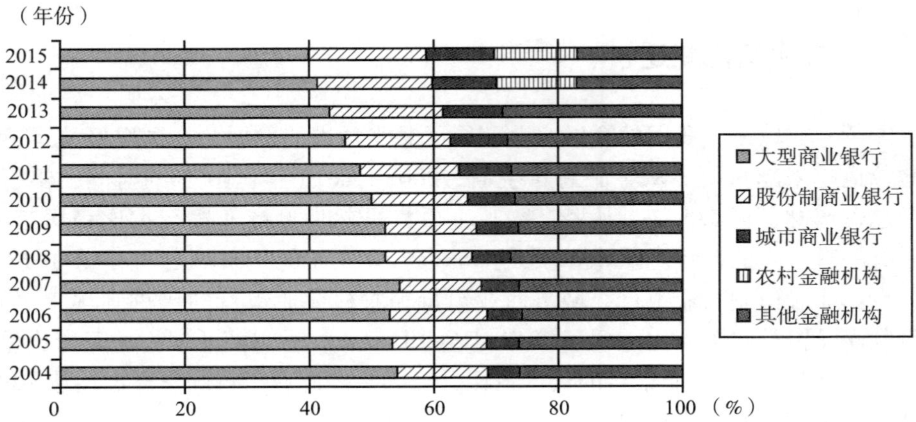

图 4－1　银行业金融机构总资产占比情况（2003～2014 年）

随着资产规模的不断增加，从业人数也是逐年递增的趋势，大型商业银行占据着绝对优势。但是所有其他类金融机构（其他类金融机构包括企业集团财务公司、信托公司、金融租赁公司、汽车金融公司和货币经纪公司）之和的总人数还是非常少。从业人数是大型商业银行的从业人数最多，并且很多股份制商业和城市商业银行的中高层也都有在大型商业银行工作的经历。从这个角度看，大型商业银行甚至承担着为金融业培养人才和输送人才的光荣使命（见图 4－2）。

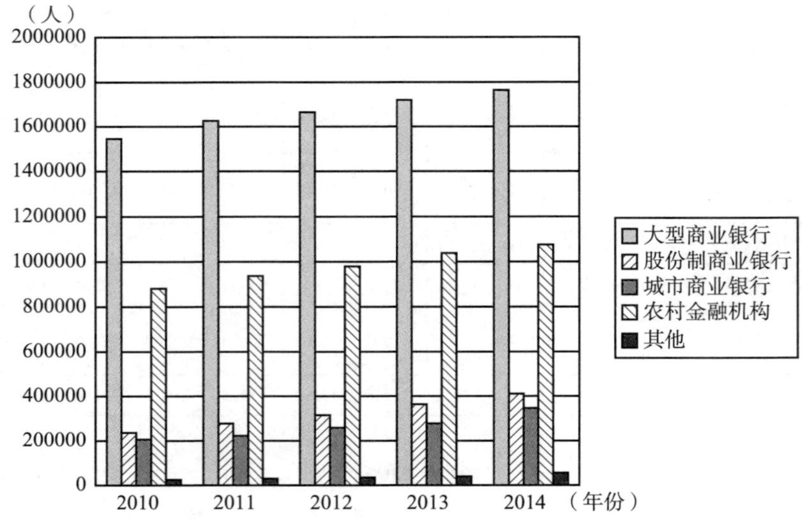

图 4－2　银行业金融机构从业人数（2010～2014 年）

从地区结构来看①，东部地区银行业金融机构资产总额在全国占比最高，一直维持在60%左右，而中部、西部和东北部三个地区之和才是40%，即东部地区的2/3。可见，金融资源分配的不均衡格局一直存在（见表4－2）。

表4－2　　金融机构资产总额地区占比分布　　单位：%

年份	东部	中部	西部	东北
2005	61.00	14.00	17.00	8.00
2006	63.00	14.00	15.00	8.00
2007	64.00	14.00	15.00	7.00
2008	61.00	15.00	16.00	8.00
2009	61.00	15.00	17.00	7.00
2010	60.50	14.80	17.50	7.30
2011	60.20	14.60	17.90	7.20
2012	59.50	14.90	18.50	7.10
2013	58.90	15.10	19.10	6.90
2014	58.40	15.30	19.30	7.00

从从业人数和机构个数上看，也是东部地区比例最高。区域经济发展不平衡和金融需求多样化是导致金融资源分配不平衡的主要原因（见表4－3、表4－4、表4－5）。

表4－3　　金融机构从业人数占比　　单位：%

年份	东部	中部	西部	东北
2005	43.00	23.00	23.00	12.00
2006	45.00	24.00	19.00	12.00
2007	44.00	22.00	23.00	11.00
2008	44.00	22.00	22.00	12.00
2009	44.00	22.00	23.00	11.00

① 东部地区包括北京、天津、河北、上海、江苏、浙江、福建、山东、广东、海南10个省市；中部地区包括山西、安徽、江西、河南、湖北、湖南6个省；西部地区包括重庆、四川、贵州、云南、西藏、陕西、甘肃、青海、宁夏、新疆、内蒙古、广西12个省市区；东北地区包括辽宁、吉林、黑龙江3个省。

续表

年份	东部	中部	西部	东北
2010	44. 00	21. 00	23. 90	11. 10
2011	43. 70	21. 30	24. 00	11. 00
2012	44. 30	21. 10	24. 10	10. 60
2013	44. 10	21. 20	23. 90	10. 80
2014	45. 20	20. 30	23. 80	10. 70

表 4 – 4　　金融机构营业网点个数占比　　单位：%

年份	东部	中部	西部	东北
2005	38. 00	24. 00	28. 00	10. 00
2006	39. 00	25. 00	27. 00	9. 00
2007	39. 00	24. 00	27. 00	10. 00
2008	39. 00	25. 00	26. 00	10. 00
2009	39. 00	25. 00	27. 00	9. 00
2010	39. 50	23. 60	27. 00	9. 90
2011	39. 00	24. 00	27. 30	9. 70
2012	39. 50	23. 40	27. 70	9. 40
2013	39. 50	23. 70	27. 20	9. 60
2014	41. 00	22. 70	26. 80	9. 50

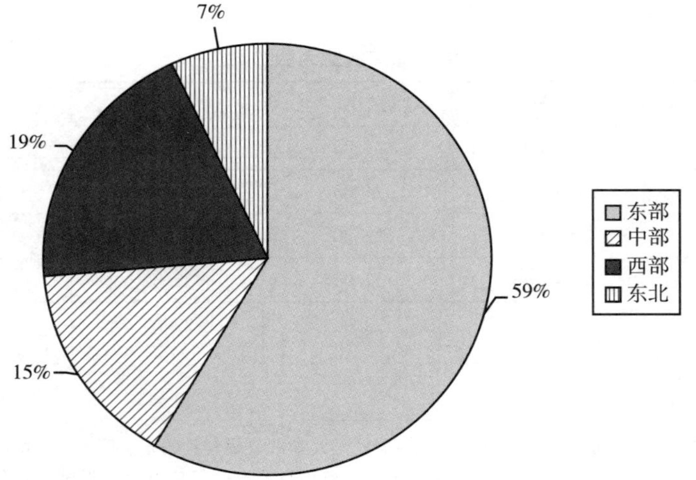

图 4 – 3　银行业金融机构总资产地区分布（2014 年）

2015 年 10 月 29 日，为进一步贯彻落实《中华人民共和国中小企业促进法》《国务院关于进一步促进中小企业发展的若干意见》（国发〔2009〕36 号）、《国务院办公厅关于金融支持小微企业发展的实施意见》（国办发〔2013〕87 号），推动中小金融机构健康发展，加大金融对实体经济的支持，人民银行会同银监会、证监会、保监会和国家统计局联合研究制定了《金融业企业划型标准规定》（见表 4－5）。

表 4－5　　金融业企业划型标准规定（2015 年 10 月出台）

<table>
<tr><th colspan="2">行业</th><th>类别</th><th>类型</th><th>资产总额</th></tr>
<tr><td rowspan="9">货币金融服务</td><td rowspan="3">货币银行服务</td><td rowspan="3">银行业存款类金融机构</td><td>中</td><td>5000 亿元（含）至 40000 亿元</td></tr>
<tr><td>小</td><td>50 亿元（含）至 5000 亿元</td></tr>
<tr><td>微</td><td>50 亿元以下</td></tr>
<tr><td rowspan="6">非货币银行业务</td><td rowspan="3">银行业非存款类金融机构</td><td>中</td><td>200 亿元（含）至 1000 亿元</td></tr>
<tr><td>小</td><td>50 亿元（含）至 200 亿元</td></tr>
<tr><td>微</td><td>200 亿元以下</td></tr>
<tr><td rowspan="3">贷款公司、小额贷款公司及典当行</td><td>中</td><td>200 亿元（含）至 1000 亿元</td></tr>
<tr><td>小</td><td>50 亿元（含）至 200 亿元</td></tr>
<tr><td>微</td><td>200 亿元以下</td></tr>
<tr><td colspan="2" rowspan="3">资本市场业务</td><td rowspan="3">证券业金融机构</td><td>中</td><td>100 亿元（含）至 1000 亿元</td></tr>
<tr><td>小</td><td>10 亿元（含）至 100 亿元</td></tr>
<tr><td>微</td><td>10 亿元以下</td></tr>
<tr><td colspan="2" rowspan="3">保险业</td><td rowspan="3">保险业金融机构</td><td>中</td><td>400 亿元（含）至 5000 亿元</td></tr>
<tr><td>小</td><td>20 亿元（含）至 400 亿元</td></tr>
<tr><td>微</td><td>20 亿元以下</td></tr>
<tr><td rowspan="9">其他金融业务</td><td rowspan="3">金融信托与管理服务</td><td rowspan="3">信托公司</td><td>中</td><td>400 亿元（含）至 1000 亿元</td></tr>
<tr><td>小</td><td>20 亿元（含）至 400 亿元</td></tr>
<tr><td>微</td><td>20 亿元以下</td></tr>
<tr><td rowspan="3">金融控股公司服务</td><td rowspan="3">金融控股公司</td><td>中</td><td>5000 亿元（含）至 40000 亿元</td></tr>
<tr><td>小</td><td>50 亿元（含）至 5000 亿元</td></tr>
<tr><td>微</td><td>50 亿元以下</td></tr>
<tr><td rowspan="3">其他未包括的金融业务</td><td rowspan="3">除贷款公司、小额贷款公司和典当行以外的其他金融机构</td><td>中</td><td>200 亿元（含）至 1000 亿元</td></tr>
<tr><td>小</td><td>50 亿元（含）至 200 亿元</td></tr>
<tr><td>微</td><td>50 亿元以下</td></tr>
</table>

首先，按《国民经济行业分类》将金融业企业分为货币金融服务、资本市场服务、保险业、其他金融业四大类。其次，将货币金融服务分为货币银行服务和非货币银行服务两类，将其他金融业分为金融信托与管理服务、控股公司服务和其他未包括的金融业三类。最后，按经济性质将货币银行服务类金融企业划为银行业存款类金融机构；将非货币银行服务类金融业企业分为银行业非存款类金融机构，贷款公司、小额贷款公司及典当行；将资本市场服务类金融业企业划为证券业金融机构；将保险业金融企业划为保险业金融机构；将其他金融业企业分为信托公司，金融控股公司和除贷款公司、小额贷款公司、典当行以外的其他金融机构①。

依据指标标准值，将各类金融业企业划分为大、中、小、微四个规模类型，中型企业标准上限及以上的为大型企业。

从此，金融业企业的大、中、小、微有了一个权威的清晰的划分，为银行规模的研究和演变奠定了基础。但是，由于办法出台较晚，本书并未采用此标准划分银行规模，而是沿用银监会的年报将银行业按传统的大型商业银行、股份制商业银行和城市商业银行等开展研究。

二、市场结构变迁

在中国经济转轨过程中，中国银行业的市场结构随着不同类型金融机构的加入处于一种动态变化之中。从我国银行体系的发展历程的回顾中，可以看到，银行业的市场集中度从独家垄断到高寡占又逐渐向低寡占过渡，竞争状态也从无竞争状态逐渐向低竞争状态过渡，又深化于各类金融机构的多元竞争状态。

银行业的市场结构分析最常见的衡量指标是银行集中度（叶欣等，2001）。根据产业组织理论，一般而言，市场集中度越高，少数大银行的市场势力就越大，市场的竞争程度就越低。行业集中率指标（CRn）和赫芬达尔指数（HHI）是两个最常用的度量银行业的集中度的指标，CRn 只包含了前 N 家大银行的信息，而 HHI 则进一步反映了小银行的信息。所以本书选用应用最为广泛的赫芬达尔指数（HHI）来反映银行业的集中度（Hannan，1997；Cetoreli and Strahan，2006；彭欢和雷震，2010；张晓枚和潘玲，2013；傅利福和韦倩等，2015），具体公式如下：

$$HHI = \sum_{i=1}^{n} \left(\frac{X_i}{X}\right)^2 \times 10000 \tag{4-1}$$

X_i 为第 i 家银行的资产额，也可以是贷款额、存款额或者利润额，X 为同期整个银行业的资产总额，或者对应的贷款总额、存款总额和利润总额。如果市场

① 牛娟娟．采用复合分类方法对金融业企业进行分类．金融时报，2015－10－29.

中只有一家银行，则赫芬达尔指数等于1，即当H=1时，该市场为完全垄断市场；当H=0时，该市场为完全竞争市场。但在实际的应用中，都会乘以10000。赫芬达尔指数包括了市场中所有银行，因此很容易看出市场份额的变动差异，但在实际运用中，也只能是包含大多数。

根据上述市场结构的分类方法，我们对中国银行业市场结构的状况从资产份额、存款份额和贷款份额三个方面进行分析。选取18家银行为代表考察中国银行业市场结构状况，分别是工商银行、中国银行、农业银行、建设银行、交通银行、中信银行、光大银行、华夏银行、民生银行、平安银行、广发银行、招商银行、兴业银行、浦发银行、北京银行、宁波银行、南京银行、江苏银行。就实际情况而言，这18家银行具有代表性，能够反映我国银行业市场结构状况。

从表4－6我们可以看出，我国银行业市场结构的HHI指数是一个不断下降的趋势，无论是以存款份额、贷款份额还是资产份额来衡量，都有一个共同的下降的趋势。并且根据以上市场结构的分类方法，我国银行业大致处于低寡占Ⅰ型的市场结构，虽然距离竞争型市场结构还有一定的距离，但是可以看出银行业的改革成效，即我国银行业市场竞争程度逐渐加强，各股份制商业银行在市场中的地位有所提高，城市商业银行也逐渐壮大（见图4－4）。

表4－6　以HHI为基准的市场结构分类方法

市场结构	寡占型				竞争型	
	高寡占Ⅰ型	高寡占Ⅱ型	低寡占Ⅰ型	低寡占Ⅱ型	竞争Ⅰ型	竞争Ⅱ型
HHI值	HHI≥3000	3000>HHI≥1800	1800>HHI≥1400	1400>HHI≥1000	1000>HHI≥500	500>HHI

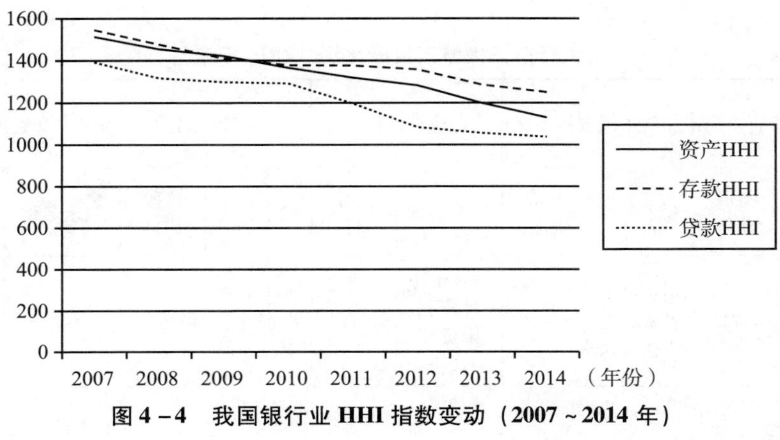

图4－4　我国银行业HHI指数变动（2007~2014年）

三、股权结构变迁

银行股权分布状况以及不同性质股东在其中的数量分布状况两者对于银行的信贷行为具有很大影响（Barry，2011）。随着国有商业银行股份制改革的完成和鼓励民间资本进入银行业步伐的加快，我国银行业的股权结构一改往日“一股独大”的风貌变得日益多元化。一般通过第一大股东的持股比例来反映，即第一大股东持股份额在公司总股份中所占比重。如果此比例在50%以上，被认为是股权高度集中型；在20%以下被认为是股权高度分散型；在20%～50%属于股权相对集中或相对分散型。

下面，我们按照大型商业银行、股份制商业银行、城市商业银行三类，从股权性质和股权集中度两个方面进行阐述：

（一）大型商业银行

五家大型商业银行都是由国家绝对控股或者是相对控股的，政府作为第一大股东，一般有中央汇金公司或者是财政部代为持有这部分股份。从表4－7中可以看出，除交通银行之外的四大行国有股比例均在70%的比例之上，只有交通银行第一大股东—汇金投资持股比例低于30%，第二、第三大股东为境外投资者，可以认为交通银行形成了国家股权相对控股模式。银行业是特殊的产业部门，国家对大型银行保持绝对控股是维护国家金融安全，保证经济发展稳定的必要因素，且大型商业银行承担着国家宏观调控的重要任务。从国家经验来看，各国政府都对大型银行有着绝对的控制权。

表4－7　五大行前三大股东持股比例（2015年末）

工商银行		中国银行		建设银行		农业银行		交通银行	
股东名称	持股比例	股东名称	持股比例	股东名称	持股比例	股东名称	持股比例	股东名称	持股比例
中央汇金投资有限责任公司	34.71%	中央汇金投资有限责任公司	64.02%	中央汇金投资有限责任公司	57.11%	中央汇金投资有限责任公司	40.03%	财政部	26.53%

续表

工商银行		中国银行		建设银行		农业银行		交通银行	
财政部	34. 60%	香港中央结算有限公司	27. 78%	香港中央结算有限公司	30. 93%	财政部	39. 21%	香港中央结算有限公司	20. 12%
香港中央结算有限公司	24. 15%							香港上海汇丰银行有限公司	18. 17%

（二）股份制商业银行

全国性股份制商业银行虽然与国有大型银行相比较在总资产的规模、营业收入、利润总额等方面来说，具有不少的差距。但是，在股权结构方面，它们却具备独特设计。中信银行的第一大股东——中信集团持有 64. 18% 的股份，为所有全国性股份制商业银行的最大值；其次是平安银行，第一大股东持有 49. 56% 的股份。其他的股份制商业银行的第一大股东持股比例均在 20% 或以下，说明大部分的股份制商业银行的股权相对分散，控股股东都处于相对控股状态。而且控股股东的性质多样化，有的为政府部门或者是政府投资融资平台，有的是国有企业，有的则是民营企业，有的是外资股，甚至还有个人股东（如平安银行）。这就使得股份制银行相比国有五大行更加以利润作为经营的目标，而不必承担过多宏观调控的任务（见表 4 – 8）。

表 4 – 8　　部分股份制商业银行前五大股东持股比例（2015 年末）

银行名称	股东名称	持股比例（%）
浦发银行	中国移动通信集团广东有限公司	20. 00
	上海国际集团有限公司	16. 93
	富德生命人寿保险股份有限公司 – 传统	5. 66
	上海上国投资产管理有限公司	5. 23
	富德生命人寿保险股份有限公司 – 万能 H	4. 32
中信银行	中国中信有限公司	64. 18
	香港中央结算（代理人）有限公司	24. 75
	中国烟草总公司	4. 39

续表

银行名称	股东名称	持股比例（%）
中信银行	中国证券金融股份有限公司	1.78
	中央汇金资产管理有限责任公司	0.56
兴业银行	福建省财政厅	17.86
	中国人民财产保险股份有限公司—传统—普通保险产品	4.98
	中国人民人寿保险股份有限公司—分红—个险分红	4.21
	中国烟草总公司	3.22
	中国证券金融股份有限公司	2.99
招商银行	香港中央结算（代理人）有限公司	18.00
	招商局轮船股份有限公司	12.54
	安邦财产保险股份有限公司—传统产品	10.72
	中国远洋运输（集团）总公司	6.24
	深圳市晏清投资发展有限公司	4.99
民生银行	香港中央结算（代理人）有限公司	18.91
	安邦人寿保险股份有限公司—稳健型投资组合	6.49
	安邦财产保险股份有限公司—传统产品	4.56
	安邦保险集团股份有限公司—传统保险产品	4.49
	新希望投资有限公司	4.18
光大银行	中国光大集团股份公司	23.96
	中央汇金投资有限责任公司	21.96
	香港中央结算（代理人）有限公司	8.43
华夏银行	首钢总公司	20.28
	国网英大国际控股集团有限公司	18.24
	德意志银行卢森堡股份有限公司（DEUTSCHE BANK LUXEMBOURG S. A）	9.28
	德意志银行股份有限公司（DEUTSCHE BANK AKTIENGESELLSCHAFT）	8.21
	红塔烟草（集团）有限责任公司	4.37
平安银行	中国平安保险（集团）股份有限公司—集团本级—自有资金	49.56
	中国平安人寿保险股份有限公司—自有资金	6.11
	中国证券金融股份有限公司	2.99
	中国平安人寿保险股份有限公司—传统—普通保险产品	2.27
	葛卫东	1.65

（三）城市商业银行

到2015年，城市商业银行已经经历了20个春秋，《变革与发展——城市商业银行20年发展报告》中指出城商行从艰难起步到逐步站稳脚跟，从初出茅庐到行业地位不断攀升，经历风雨，努力转型，合理定位，终于成为支持实体经济和地方经济发展的重要力量。经历了20年的发展，城市商业银行数量已经突破了130多家，分布在全国一线城市、各个省会城市以及大部分的地级市。

城市商业银行的股权结构也在不断改善的过程中。在后面第七章中，我们在各省选取了有代表性的商业银行作为样本，详细查阅了年报股东信息后发现，城市商业银行的股权结构比较复杂，各地城商行的股权性质和股权集中度各不相同，呈现出多样化的态势：有国有法人绝对控股且第一大股东持股比例较高的，如广州银行64%、昆仑银行77.1%；有股权结构分散的，第一大股东持股比例不到10%的如沧州银行7.75%，柳州银行9.85%，苏州银行10%和包商银行5.13%。也有居于中间的股权结构相对集中的，股权结构带有明显的区域性特色。具体数据和分析见于第七章。

2014年3月，银监会公布首批5家民营银行试点名单，正式启动民营银行试点工作。目前，已有100余家中小商业银行的民间资本占比超过50%，其中部分为100%民间资本。全国农村合作金融机构民间资本占比超过90%，村镇银行民间资本占比超过72%①。随着民营银行试点工作的正式启动和民间资本进入银行业的导向，相信在不久的将来，我国银行业的产权结构会更加合理。

第三节　小微企业贷款变化情况

为了更加清晰地展示随着银行业结构变迁我国中小微企业贷款的变化情况，选取了5家大型商业银行、11家全国股份制商业银行和22家城市商业银行（含3家上市的城商行和19家未上市的城商行②）作为研究样本，分类剖析国有大型商业银行、股份制商业银行和城市商业银行在小微金融服务领域的供给状况。

---

① 傅苏颖．银监会：推进银行业金融机构混合所有制改革．证券日报，2015-5-15.

② 19家未上市的城市商业银行样本包括：重庆银行、南昌银行、北部湾银行、浙江民泰商业银行、哈尔滨银行、宁夏银行、青岛银行、江苏银行、贵阳银行、沧州银行、河北银行、汉口银行、徽商银行、日照银行、盛京银行、莱商银行、苏州银行、长沙银行、成都银行。

一、大型商业银行小微企业贷款情况

（一）小微企业贷款余额情况

五家大型商业银行在小微企业贷款余额的绝对量上继续了往年的“辉煌”，在2014年都达到或接近了万亿元水平。其中，工商银行的小微企业贷款余额虽然较2013年有所下降，但是仍然以1.72万亿元的水平远远领先于其他银行。建设银行和中国银行的小微企业贷款余额均突破万亿元，名列第二、第三名。农业银行小微企业贷款余额虽然低于其他几家银行，但也接近了万亿元的水平。此外，交通银行的中小微企业贷款余额为12591.5亿元（见图4-5）。

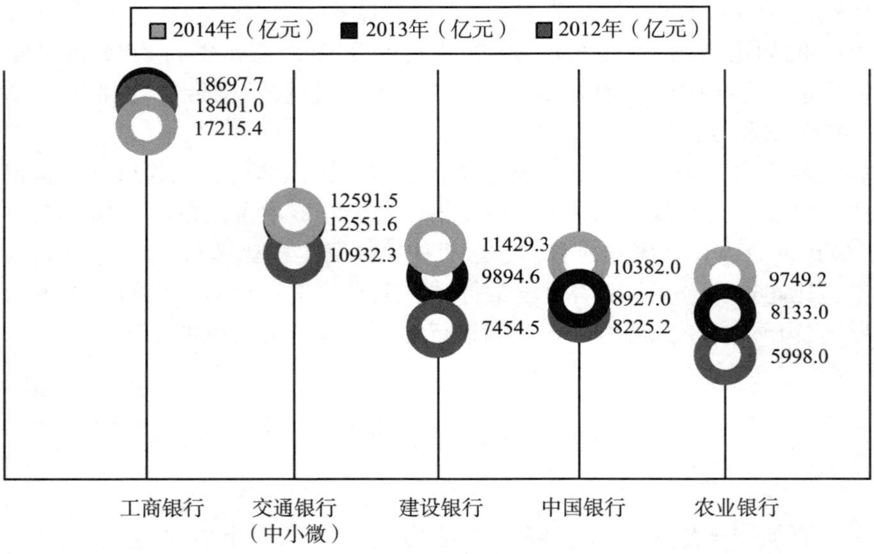

图4-5　大型商业银行小微企业贷款余额（2012~2014年）

注：由于交通银行未披露小微企业贷款余额，此图中交通银行的数据选取的是“中小微企业贷款余额”的口径。

资料来源：2014年数据摘自各大银行2014年年报，2013年和2012年数据摘自《中国中小微企业金融服务发展报告（2014）》。

（二）小微企业贷款余额增幅情况

2014年，在小微贷款余额增幅方面，农业银行以19.87%的比例位居榜首，其次是中国银行和建设银行，增幅分别为16.30%和15.51%，工商银行则首次出现了小微企业贷款余额下降的情况，降幅7.93%。与2013年和2012年相比，大型商业银行的小微企业贷款余额增幅几乎全线收缩，只有中国银行独树一帜，连续两年增速加快，增幅从2013年的11.68%提高到2014年的16.30%。2014年，大型商业银行小微企业贷款余额整体增幅为9.66%，大型商业银行中在这一指标上超过整体水平的有农业银行，中国银行和建设银行。此外，交通银行的中小微企业贷款余额增幅从2013年的14.15%下降到0.31%。

与各行自身的全部贷款增幅进行比较，工商银行和交通银行的（中）小微企业贷款余额增幅均低于其全部贷款增幅。其中，工商银行的小微企业贷款余额增幅比全部贷款增幅低19.05个百分点，交通银行的中小微企业贷款余额增幅低4.74个百分点。除工商银行和交通银行外，其他三家大型商业银行的小微企业贷款余额增幅均高于全部贷款增幅，农业银行、建设银行和中国银行的小微企业贷款余额增幅比全部贷款增幅分别高出7.78、5.21和5.00个百分点。

（三）小微企业贷款余额占比情况

2014年，在小微企业贷款余额占全部贷款余额比例方面，工商银行以15.61%的比例居于首位，其次是中国银行，这一比例为14.07%，建设银行和农业银行分别为12.06%和12.04%。此外，交通银行中小微企业贷款余额占全部贷款比例为36.69%。根据银监会和人民银行提供的相关数据，2014年大型商业银行小微企业贷款余额占全部贷款余额的整体水平为15.01%①。

对比五家大型商业银行2012～2014年小微贷款余额占比变化情况，占比连续上升的只有农业银行和建设银行，且2014年上升幅度很小，均不超过2个百分点。中国银行和交通银行中）小微企业贷款占全部贷款比例的指标在2013年小幅上升后2014年均下降。而工商银行则连续两年均为下降。

综合上述分析，大型商业银行在小微企业贷款余额的绝对量上依旧保持高位，但是受国内经济继续下行及风险不断暴露的影响。2014年，除中国银行外，其他几家银行的小微企业贷款余额增速，在2013年放缓的基础上，继续回落，工商银行更是首次出现了小微企业贷款余额负增长。在五家大型商业银行中，工商银行虽然在小微企业贷款余额收缩，但其在规模和占比上的优势依然存在。中国银行连续两年都是大型商业银行中小微企业贷款余额增速唯一保持提高的银行，继续其在小微企业贷款方面的赶超趋势。小微企业贷款规模相对较低的农业银行虽然增速回落，但仍保持了接近20%的增长，正在逐步与其他几家银行缩小差距。2014年，在小微企业贷款余额增速指标上超过大型银行整体水平的有

① 根据银监会和人民银行提供数据计算所得。

农业银行，中国银行和建设银行。

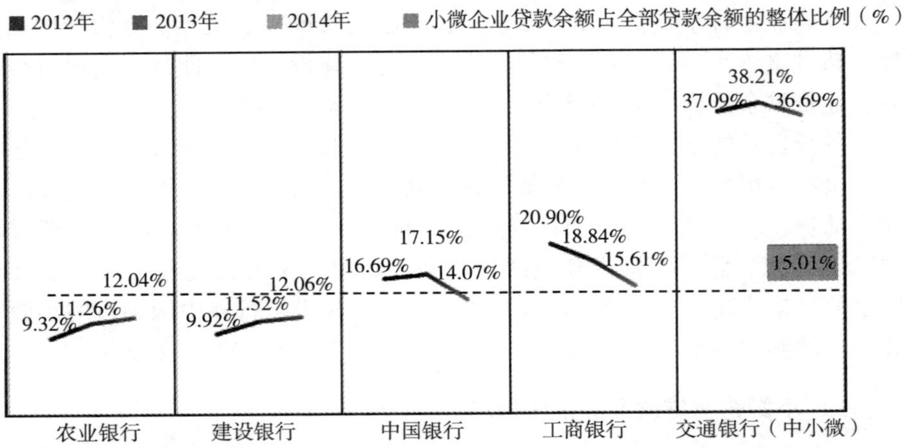

图4-6　大型商业银行小微企业贷款余额占全部贷款余额的比例（2012~2014年）

注：①图中橙色虚线表示15.01%的大型商业银行小微企业贷款余额占全部贷款余额的整体比例，根据银监会和人民银行提供数据计算所得。②由于未披露小微企业贷款余额，此图中交通银行的占比为“中小微企业贷款余额占全部贷款比例”。

资料来源：所示商业银行小微企业贷款余额占全部贷款的比例是通过各行2012~2014年年报计算所得。

二、股份制商业银行小微企业贷款情况

（一）小微企业贷款余额情况

2014年，披露了小微企业贷款余额数据的股份制商业银行中，浦发银行以5288.56亿元的规模居于首位，民生银行为4027.36亿元紧随其后，中信银行和招商银行以3499.47亿元和3356.37亿元分别居于第三位和第四位，光大银行的小微企业贷款余额超过了2000亿元，超过千亿元水平的还有广发银行、兴业银行和平安银行，仅浙商银行不足千亿元，为894.09亿元。2014年，只有华夏银行依然仅公布了“小企业贷款余额”，为2065.47亿元（见图4-7）。

（二）小微企业贷款余额增幅情况

2014年，股份制商业银行小微企业贷款余额的整体增幅为18.99%[①]，除民

① 银监会披露数据。

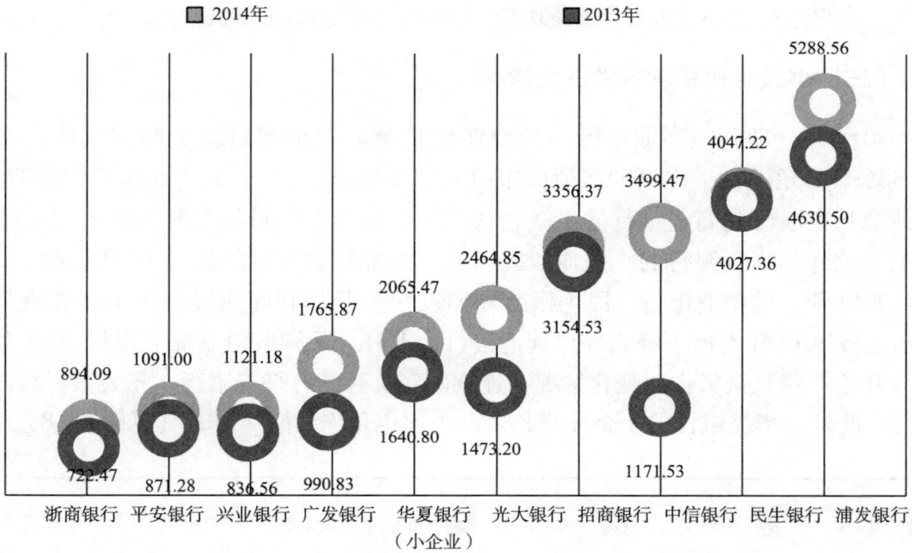

图 4－7　全国性股份制商业银行小微企业贷款余额（2013～2014 年）

注：①由于未披露小微企业贷款余额，此图中华夏银行选取的是“小企业贷款余额”的口径。图中兴业银行 2013 年的数据为“小企业贷款余额”数据，而 2014 年为“小微企业贷款余额”数据。②中信银行 2014 年披露的数据中，小微企业法人客户指符合“四部委标准”且单户授信金额 1000 万元（含）以下的小型、微型企业。③光大银行 2014 年按照 2011 年工业和信息化部等四部门联合下发的企业划型标准和银监会监管口径，与往年披露口径不同。

资料来源：摘自各银行 2014 年和 2013 年年报和企业社会责任报告。

生银行和浦发银行外，其他几家股份制商业银行均超过整体水平。具体而言，广发银行以 29. 10% 的增幅居于首位，中信银行和平安银行增幅均超过 25%，分别为 25. 33% 和 25. 22%，排在第二、第三位。小微企业贷款余额增幅超过 20% 的还有兴业银行、浙商银行和光大银行。招商银行和浦发银行介于 10% ～20%，分别为 19. 01% 和 14. 21%，而民生银行 2014 年的小微企业贷款余额下降了 0. 49%。此外，华夏银行的小企业贷款余额增幅为 25. 88%。

对小微企业贷款余额增幅进行年度纵向比较，相比于 2013 年，除浙商银行、华夏银行和广发银行有所增长，其余几家股份制商业银行均收缩，而民生银行和招商银行更是连续两年在小微企业贷款余额方面下降，连续两年上升的只有广发银行。

与全部贷款增幅进行比较，民生银行、招商银行和浦发银行的小微企业贷款余额增幅低于全部贷款增幅，分别低了 15. 74 个、8. 02 个和 0. 55 个百分点，其余几家股份制商业银行的小微企业贷款余额增幅均高于全部贷款增幅，广发银行、中信银行和光大银行分别高出 18. 44 个、13. 17 个和 10. 50 个百分点，小微企业贷款余额增幅超过全部贷款增幅不足 10 个百分点的有兴业银行、浙商银行和平安银行。此外，华夏银行的小企业贷款余额增幅比全部贷款增幅高 13.37 个百分点。

（三）小微企业贷款余额占比情况

2014 年，股份制商业银行小微企业贷款余额占全部贷款余额的整体比例为 25.48%[①]，超过这一比例的有浙商银行和浦发银行，分别为 34.52% 和 26.07%，而其余几家股份制商业银行的小微企业贷款余额占全部贷款余额比例未超过整体水平。此外，华夏银行的小企业贷款余额占全部贷款余额的比例为 23.26%。

2014 年，除招商银行、民生银行和浦发银行股份制商业银行小微企业贷款余额占比较 2013 年有所下降之外，其他银行均上升。回顾股份制商业银行 2012 年到 2014 年小微贷款余额占比变化情况，连续两年上升的有平安银行、光大银行和浙商银行。此外，华夏银行的小企业贷款余额占比也是连续两年上升（见图 4－8）。

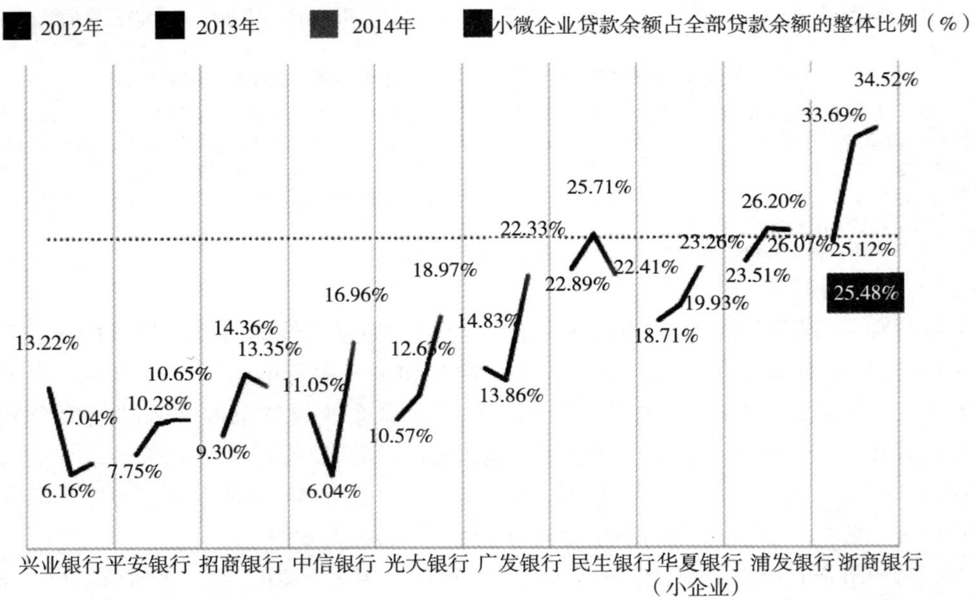

图 4－8　股份制商业银行小微企业贷款余额占全部贷款余额的比例（2012～2014 年）

注：①图中橙色虚线表示 25.48% 的股份制商业银行小微企业贷款余额占全部贷款余额的整体比例，根据银监会和人民银行提供数据计算所得。②由于未披露小微企业贷款余额，此图中华夏银行的占比为"小企业贷款余额占全部贷款比例"。

资料来源：所示商业银行小微企业贷款余额占全部贷款的比例是通过各行 2012～2014 年年报计算所得。

① 银监会披露数据。

三、城市商业银行小微企业贷款情况

（一）小微企业贷款余额情况

2014 年，在小微企业贷款余额方面，北京银行和江苏银行分别以 1953 亿元和 1873 亿元居于前两位，以绝对优势领先于其他城市商业银行，超过 600 亿元的规模的城市商业银行还有徽商银行、宁波银行和南京银行，其余城市商业银行的小微企业贷款余额规模集中在 120 亿～500 亿元。此外，哈尔滨银行仅公布了“小企业贷款余额”口径，为 376.1 亿元（见图 4－9）。

（二）小微企业贷款余额增幅情况

2014 年，城市商业银行小微企业贷款余额整体增幅为 25.79%，超过这一幅度的有河北银行、苏州银行、盛京银行、南京银行和重庆银行，其中，河北银行的小微企业贷款余额增幅为 40.31%，增幅超过 30% 的还有苏州银行，盛京银行和南京银行。小微企业贷款余额增幅超过 20% 的还有宁波银行等 8 家银行，浙江民泰商业银行的增幅为 19.87%，也接近 20%，增幅相对较低的有莱商银行（9.56%）以及汉口银行（3.09%）。此外，哈尔滨银行的小企业贷款余额增幅为 15.10%。

（三）小微企业贷款余额占比情况

2014 年，城市商业银行小微企业贷款余额占全部贷款余额的整体比例为 41.24%，超过这一比例的银行有 8 家，其中，苏州银行和浙江民泰商业银行的小微企业贷款余额占比超过了 70%，领先于其他城市商业银行、贵阳银行和沧州银行的小微企业贷款余额占比超过了 50%，超过整体比例的还有宁夏银行、青岛银行、广西北部湾银行和徽商银行。小微企业贷款占比超过 30% 的还有江苏银行、重庆银行和盛京银行。小微企业贷款占比超过 20% 的还有成都银行和汉口银行。此外，哈尔滨银行的小企业贷款余额占全部贷款比例为 31.08%（见图 4－10）。

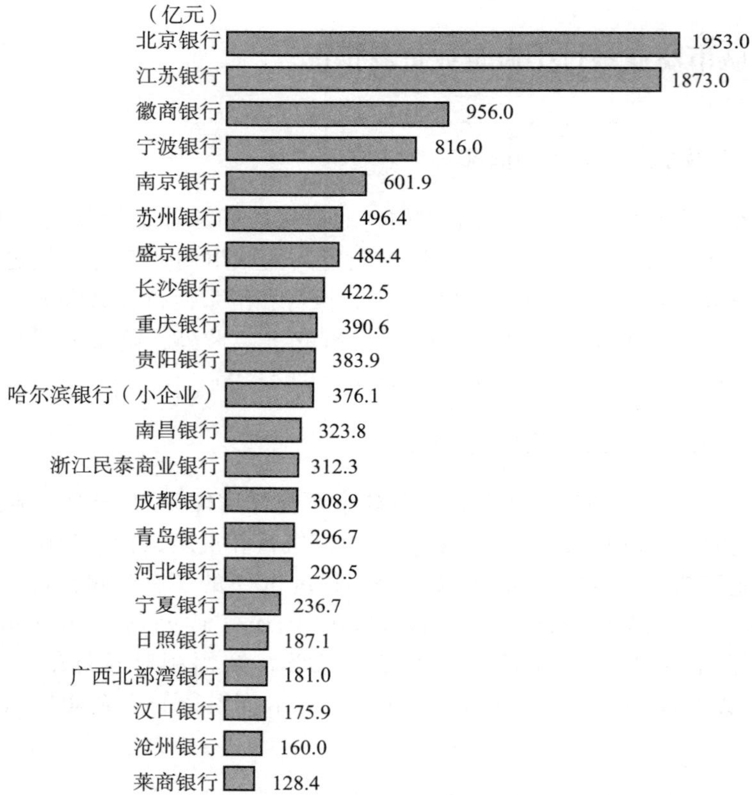

图 4－9　部分城市商业银行小微企业贷款余额（2014 年）

注：①由于未披露小微企业贷款余额，图中哈尔滨银行选取的是“小企业贷款余额”口径。

②北部湾银行数据来自《北部湾银行多措并举化解小微企业“融资难、融资贵”问题》，广西国资委，2015－4－3.

③河北银行数据来自《创新金融服务河北小微企业》，河北青年报，2015－1－13.

④沧州银行为截至 2014 年 11 月末数据，来自《沧州银行荣获“2014 中国金融机构金牌榜——年度最佳小微金融服务银行”》，河北省人民政府网站，2014－12－31.

⑤徽商银行数据来自《徽商银行：做小微企业坚实后盾，创小微金融服务品牌》，安徽日报，2015－1－26.

⑥日照银行数据来自《日照银行：邀您一起见证未来精彩》，日照日报，2014－12－31.

⑦长沙银行为截至 2014 年 10 月末数据，来自《长沙银行董事长朱玉国详解小微金融长沙样本》，第一财经日报，2014－12－31.

⑧莱商银行为截至 2014 年 8 月末数据，来自《创新“贷”动小微成长》，金融时报，2014－10－21.

⑨苏州银行数据来自《苏州银行获评省、市级“小微企业金融服务工作先进单位”》，苏州银行网站，2015－4－7.

⑩宁夏银行数据来自《宁夏银行连续五年完成小微贷款“两个不低于”监管指标》，中国金融网，2015－1－12.

⑪江苏银行数据来自《江苏银行以实际行动破解小微“融资贵”》，中国金融网，2015－4－2.

⑫南昌银行数据来自《南昌银行小微金融快速成长》，江西日报，2015－2－25.

资料来源：除以下特殊标注外，其余银行数据摘自各城市商业银行 2014 年年报；除以下特殊标注外，数据截至 2014 年 12 月 31 日。

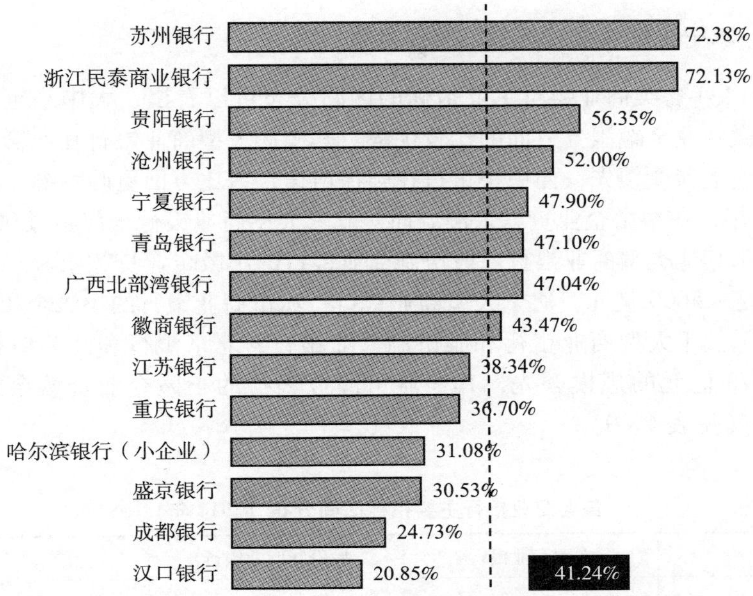

图 4－10　部分城市商业银行小微企业贷款余额占全部贷款比例（2014 年）

注：①由于未披露小微企业贷款余额，此图中用于计算的哈尔滨银行的数据选取的是“小企业贷款余额”的口径。

②苏州银行数据来自《苏州银行获评省、市级“小微企业金融服务工作先进单位”》，苏州银行网站，2015－4－7.

③沧州银行为截至 2014 年 11 月末数据，来自《沧州银行荣获“2014 中国金融机构金牌榜——年度最佳小微金融服务银行”》，河北省人民政府网站，2014－12－31.

④宁夏银行数据来自《宁夏银行连续五年完成小微贷款“两个不低于”监管指标》，中国金融网，2015－1－12.

⑤北部湾银行数据来自《北部湾银行多措并举化解小微企业“融资难、融资贵”问题》，广西国资委，2015－4－3.

⑥徽商银行数据来自《徽商银行：做小微企业坚实后盾，创小微金融服务品牌》，安徽日报，2015－1－26.

⑦江苏银行数据来自《江苏银行以实际行动破解小微“融资贵”》，中国金融网，2015－4－2

⑧图中灰色虚线表示 41.24% 的城市商业银行小微企业贷款余额占全部贷款的整体比例，根据银监会和人民银行提供的数据计算所得。

资料来源：占比通过小微企业贷款余额和全部贷款余额计算而得，除以下特殊标注外，其他银行数据摘自各城市商业银行 2014 年年报。

四、各类银行业金融机构小微企业贷款贡献

在分别分析了大型商业银行、股份制商业银行和城市商业银行的小微企业金融服务情况之后，本节将对大中小型商业银行的小微企业金融服务进行横向综合对比分析，比较不同规模类型的商业银行在小微企业贷款余额规模、小微企业贷款余额增长、小微企业贷款占全部贷款的比例等方面的差异化特点。

（一）大中小银行比较优势的整体分析

由2014年各类商业银行主要指标的区间分布可以看出，大中小银行依然延续了在小微企业金融服务方面的比较优势。其中，大型商业银行在小微企业贷款余额的规模上遥遥领先，而中小银行在则在增速、占比方面更胜一筹。

2014年，在小微企业贷款余额方面，五家大型商业银行全部超过9000亿元，遥遥领先于其他类型商业银行。股份制商业银行的小微企业贷款余额规模主要集中在900亿~5000亿元，次于大型商业银行。城市商业银行的小微企业贷款余额规模整体上低于大型商业银行和股份制商业银行，北京银行和江苏银行以1953亿元和1873亿元的规模领先，其他城市商业银行的小微企业贷款余额均不足1000亿元（见表4-9）。

表4-9　各类商业银行主要指标区间分布（2014年）

	大型商业银行	股份制商业银行	城市商业银行
小微企业贷款余额	接近或超万亿元	千亿元（高不过5500亿元，低不足千亿元）	百亿元（高度分散，高接近2000亿元，低不足150亿元）
小微企业贷款增幅	-8%~20%	-0.5%~30%	3%~40%
小微企业贷款余额占全部贷款比例	平均15.01% （均不超16%）	平均25.48% （高超30%，低不足10%）	平均41.24%（高度分散，高超70%，低大约20%）

（二）各类银行业金融机构小微企业贷款贡献

截至2015年6月末，全国金融机构贷款（本外币口径）余额94.43万亿元，其中，小微企业贷款余额达22.05万亿元，占比23.35%。小微企业贷款较年初增加1.35万亿元，较上年同期增速15.53%，比各项贷款增速高3.05个百分点；小微企业贷款户数1166.34万户，较上年同期增长8.80%；小微企业申贷获得率91.2%，较上年同期增加3.4个百分点，实现了“三个不低于”目标（即小微企业贷款增速不低于各项贷款平均增速，小微企业贷款户数不低于上年同期户数，小微企业申贷获得率不低于上年同期水平）。下面着重分析一下2014年各类银行业金融机构小微企业贷款贡献。

五家大型商业银行的小微企业贷款余额达5.45万亿元，占银行业金融机构小微企业贷款余额总量的26.34%，位居首位。此外，股份制商业银行、城市商业银行和农村商业银行小微企业贷款余额也都超过了3万亿元。

从图 4－11 可以看出，五大行在量上的贡献是最大的，股份制银行位居第二。

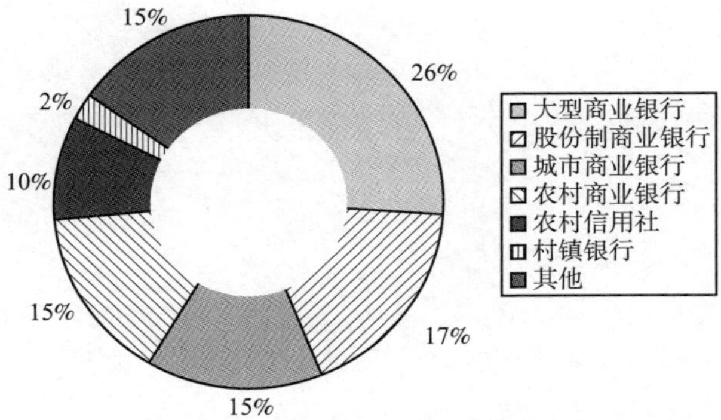

图 4－11　各类银行业金融机构小微企业贷款贡献（2014 年）

我们进一步观察三类重要商业银行小微企业融资贡献度与其资产占比的匹配程度。大型商业银行、股份制商业银行和城市商业银行三类机构以占银行业约 70% 的资产规模提供了 60% 左右的小微贷款。其中，大型商业银行的小微企业贷款余额占比小于其资产占比，股份制商业银行的小微企业贷款余额占比与资产占比基本持平，城市商业银行的小微企业贷款余额占比则比其资产占比高出近 4 个百分点（见图 4－12）。

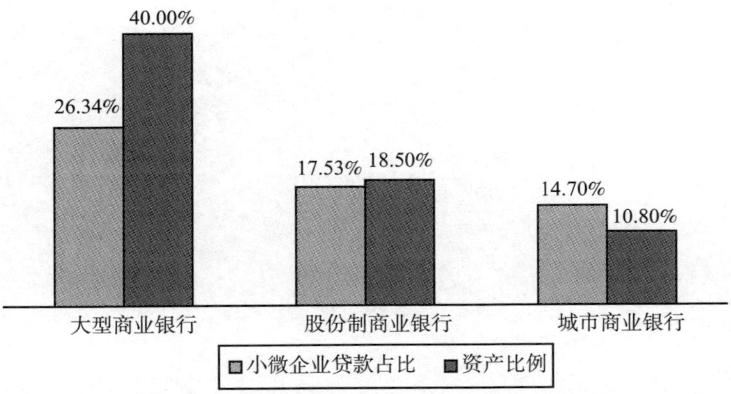

图 4－12　三类主要商业银行小微企业贷款贡献及资产占比（2014 年）

通过最近三年各类商业银行的小微企业贷款变化情况可以看出，各类商业银行都在为小微企业各尽其力。

第五章　银行业规模结构与融资可得性实证分析

银行业的规模问题研究主要集中于到底是大银行还是小银行为中小企业提供服务好。早期的研究银行规模的文献中，绝大部分的结论是小银行更有可能愿意、适合、实现给中小企业贷款。因为小企业融资难最主要的原因就是信息不透明（Berger，A. N. and Udell，G.，1998）。传统的观点认为关系信贷是解决小企业信贷信息不透明的路径之一（Berger，A. N. and Udell，G. F.，1995）。由于关系信贷主要依靠信贷员持续的、直接的与中小企业的所有者和管理者打交道而获取的“软”信息来减轻信息不透明的问题。Strahan，P. E. and J. P. Weston（1998）认为随着银行规模的扩大和复杂性的提升，管理不当及审批程序复杂、层次多会提高小企业信贷的成本，更加巩固了小银行优势。

国内许多学者支持小银行优势论（林毅夫和李永军，2001；焦瑾璞，2001；张捷，2002；鲁丹和肖华荣，2008；姚耀军和董钢锋，2014 等）。林毅夫、李永军（2001）从银行与企业非对称角度讨论中小企业融资难的问题，认为主要原因就是之一就是我国银行业的金融资产过度集中于大银行，中小银行数量太少，不能与大量的中小企业形成匹配，应该放松银行准入，建立中小银行等金融机构，从而减轻中小企业融资难的问题。李志赟（2002）研究发现在一个银行高度集中的经济中，信息不对称、交易成本和抵押难将会成为中小企业融资的主要障碍。相反，在一个分散化的银行结构中，经济中有许多的中小银行，中小银行存在中小企业的融资优势，使中小企业的贷款增加，因此放松行业准入限制，建立起以中小金融机构为主体的金融体系，是解决中小企业融资难问题的根本办法。

当学术界和政策圈似乎已经接受了上述观点时，然而，近几年的研究却得出相反的结论。（伯杰，2007）定量分析了小企业从大银行或小银行贷款的可能性以及包括市场规模结构在内的小企业贷款定价分析，发现大银行在小企业借贷中没有非常明显的优势或劣势。认为之前没有包括市场规模结构的研究结论可能会引起误导。（德拉托尔和施穆克勒，2010）也揭示了“小银行优势”这种认识和现实是有差距的。银行已经意识到中小企业是战略核心而且似乎可以通过扩大与中小企业的联系而居战略地位。银行在各种不同的新兴市场涉猎中小企业，激烈程度既不是由小银行引领的，也不是主要依靠关系贷款的。所有类型的银行都在涉足中小企业，大银行因其服务功能强而具有优势，它可以通过新技术的应用和风险管理系统为中小企业提供更广泛的产品和服务。（贝尔等，2013）考察了私企的融资约束，认为银行的放贷行为，特别是它的规模、范围和时间，很大程度上受到银行企业模型的影响，特别是私有和国有银行有着很大的不同。文章应用了一些私营中小企业数据发现从当地的国有银行借款能够很大程度的减小公司的融资约束，但是对私营银行来说，没有这个效果。而且国有银行的信贷行为是可持续的，因为它没有周期性而且不会带来更大的风险。（汉考克和威尔科克科，1998）也曾提到，当银行面临资本压力时，大银行和小银行都会减少银行贷款，但是，小银行比大银行减少的贷款量更多。而且，银行资本的下降会导致实体经济活动的减少，GDP的下降会因为小银行资本的下降而不是大银行资本的下降而影响更大。工资、就业和公司的数量也都因为小银行资本的下降而产生不利的影响。所以，小银行的不利经营会给经济带来更大的波动。李华民等（2015）认为，2008年以来，大银行机构表现出了面向小微企业融资的积极取向，出现了与主流观点的实践异象，并提出大银行机构的小微企业融资服务的开拓或许是缓解小微企业融资难题的最佳措施，增设小银行机构并不能够解决小微企业融资难题。

在总结讨论金融机构规模的文献之后，我们发现学者们对非银行金融机构的重视不够。仅少数文献在提供政策建议时提到非银行金融机构对小企业融资可得性的重要作用。许崇正等人（2004）提出专门化的为中小企业服务的非银行金融机构有利于提高中小企业融资的可得性，他们的金融实力与中小企业相当，或有政府的大力支持，可以专门从事对中小企业的融资活动，从而有利于不断积累为中小企业服务的经验，从而促进金融业和中小企业的共同健康发展。克雷格和哈迪（2007）在研究银行的合并对小企业信贷可得产生的影响时，发现非银行金融机构弥补了合并后的大银行对小企业降低的贷款。

本章用银行业金融机构的总体规模和平均规模两个重要的规模变量来解释小微企业的融资可得性。与现有研究的不同之处有三点：第一，把规模细分为总体规模和平均规模，更能从规模结构的角度全面地剖析银行业金融机构的规模结构对小微企业融资的影响。第二，扩大了机构类型，把银行业其他类金融机构也考虑进来。截至2014年底，其他类金融机构的资产比例已达到银行业总资产的1/3①，只有充分发挥各种类型金融机构的积极作用，才能更好地为小微企业提供全面的融资服务。第三，扩大了融资的范围，不仅包括是否获得贷款，还包括是否开户以及是否有透支额度。在政府鼓励民间资本进入金融业，且设立中小微型金融机构不设限额的情况下，对包含银行业其他类金融机构在内的金融机构体系的结构安排的相关研究迫在眉睫。本章的主要研究目标是通过研究各种类型金融机构在资产份额和机构数量的配置方面的规划，为不断提高小微企业的融资可得性提供实证经验。

① 来源于《银行业金融机构资产负债情况表（2014）》，中国银行业监督管理委员会。

第一节　模型设定与变量说明

一、模型设定

（一）模型设定

借鉴索斯藤贝克等（2013）的经典计量模型来衡量公司融资的可得性，根据需要进行改动后的模型如下：

$$
\begin{aligned}
FinancialServices = {} & \alpha + \beta_1 SmallFirm_{ij} + \beta_2 MediumFirm_{ij} + \beta_3 Subsidiary_{ij} + \beta_4 PubliclyListed_{ij} \\
& + \beta_5 Foreign\text{-}owned_{ij} + \beta_6 State\text{-}owned_{ij} + \beta_7 FirmAge_{ij} \\
& + \beta_8 FirmSector_{ij} + \beta_9 GDPperCapita_j + \beta_{10} PrivateCredit_j \\
& + \beta_{11} FinancialSectorIndicator_j + e_{ij} \qquad (5-1)
\end{aligned}
$$

“Y”代表融资的可得性，指的是在 j 省的 i 公司分别获得账户、透支额度和贷款这三个独立被解释变量的能力。“FSI”（financial sector indicator）代表金融部门指标，分别是 asset share-bank、asset share-rural institutions、asset share-others 和 average size-bank、average size-rural institutions、average size-others，即银行、农村金融机构和其他类金融机构这三大类金融机构的资产占比和平均规模。我们重点考察金融部门的各类金融机构资产占比和平均规模对小企业融资可得性的影响。考虑到这种影响在不同经济发展水平、不同外部融资依赖度的行业之间可能不同，最后我们使用了分位数回归对结果进行了稳健性检验。由于调查数据的融资可得性的结果是“yes”或“no”，所以我们使用二元离散选择 Probit 模型对所收集的数据进行实证检验。离散回归模型得出的回归系数只能反映自变量对因变量的影响方向，其数值大小无法直接反映影响力度，因此我们还报告了自变量的边际效应，以此反映连续型变量每变化 1% 或者离散型变量从 0 变为 1 时，企业的融资可得性的概率变化。

（二）Probit 二元离散选择模型的理论介绍

二元选择模型即假设个体只有两个选择，Y =1 或者 Y =0，而做出什么样的选择会受到很多因素的影响，假设这些解释变量都包括在向量 X 中。即：

$$y_i = x_i'\beta + \varepsilon_i \quad (i=1, \cdots, n) \qquad (5-2)$$

为了使 y 的预测值总是介于［0，1］之间，在给定 x 的情况下，考虑 y 的两点分布概率：

$$P(Y=1 \mid x)=F(x, \beta) \tag{5-3}$$

$$P(Y=0 \mid x)=1-F(x, \beta) \tag{5-4}$$

通过选择合适的函数形式 $F(x, \beta)$，可以保证 $0 \leqslant \hat{y} \leqslant 1$，并将 $\hat{y}$ 理解为"y = 1"发生的概率，因为：

$$E(y \mid x)=1 \cdot P(y=1 \mid x)+0 \cdot P(y=0 \mid x)=P(y=1 \mid x) \tag{5-5}$$

如果 $F(x, \beta)$ 为标准正态的累积分布函数（cdf），则有：

$$P(y=1 \mid x)=F(x, \beta)=\phi(x'\beta)=\int_{-\infty}^{x'\beta} \phi(t)\,dt \tag{5-6}$$

该模型被称为"Probit"模型。

具体运行使用 stata 软件来实现。

二、变量说明

变量设定

根据中国银监会《银行业金融机构资产负债情况表》2014 年最新分类将银行业金融机构分为银行、农村金融机构和其他类金融机构三大类。主要变量包括衡量融资可得性的三个指标（account、loan、overdraft）、金融机构资产比例、金融机构平均规模和其他重要影响因素。

融资可得性最直接的测度就是企业"获得贷款"和"没有获得贷款"两个结果。但是导致这两个截然不同的结果的原因却很多，并且这样的结果似乎也只有通过调查才能得出。鉴于个人能力和各方面条件的限制，笔者未能亲身体验调查的艰辛，但是幸运的是世界银行有这样的数据可供使用，必然比一己之力的结果更有说服力。本章选用世界银行在中国的相关调查数据，采用最直接的"0"和"1"组合来测度企业的融资可得性。

具体定义如下：

1. 金融机构资产比例。

金融机构资产比例是每种类型金融资产总额除以各种类型金融资产总和。

2. 金融机构平均规模。

金融机构的平均规模用每种类型的总资产除以各类金融机构的总个数。

3. 衡量融资可得性的指标。

本章采用贝克等（2013）使用的 account、loan、overdraft 三个指标来衡量企业融资的可获得性。

4. 其他变量。

我们分公司层面、行业层面和宏观层面三个维度考虑了公司融资可得性的重要影响因素。其中公司层面的变量包括公司规模、公司年龄、是否是子公司、是否上市（李明和郝冰（2014）认为上市公司所处的金融生态环境越好，越容易获得银行贷款）、外资持股比例、政府持股比例、公司所属行业等。数据来自世界银行企业调查。行业层面的数据主要是各行业外部融资依赖度，采用朱彤等（2009）计算的中国制造业部门各个行业的外部融资依赖度。我们分别使用人均GDP的对数与各省金融机构存贷款余额占GDP比重，控制金融部门的发展水平与金融机构的发展深度。数据来自wind数据库。

第二节　数据来源与描述性统计

一、数据来源

数据来自世界银行于2011年12月到2013年3月在中国12个省内的25个城市，2848家企业的调查数据，其中包括2700家私营企业和148家国有企业。宏观层面的数据来自各省（区）市金融运行报告和wind资讯平台。

二、统计性描述

表5－1，描述性统计显示，在本书的样本中，95.7%的公司与金融机构之间有往来账户，32.6%的公司在金融机构有信用透支额度便利，31.3%的公司获得贷款服务。本书使用企业调查的信息来控制那些可能影响公司融资可得性的公司层面的特征，构建了公司规模虚拟变量（5～19名雇员为小型，20～99名雇员为中型，超过100名雇员为大型），是否是子公司，是否公开上市，外资对公司股权比例与政府对公司股权比例，以及公司年龄。在表5－1中描述性统计显示所有公司中36.1%为小型，35.2%为中型，28.7%为大型；14.4%是子公司；2.1%是公开上市公司；外资的平均股权比例为3.63%；政府的平均股权比例为6.79%；公司的平均年龄是12.9年。

还使用了外部融资依赖度对行业层面的变量进行了控制。在样本中，平均外部融资比例是0.1884。我们分别使用人均GDP的对数与各省金融机构存款贷余额占GDP比重，控制金融部门的发展水平与金融机构的发展深度。在样本中，金融机构的平均深度是30.06%。表5－2是相关系数矩阵，从表中可以看出，在各省级层面，金融部门规模测度间有显著的正相关关系。正如所预期的，由金融机构存贷款余额占 GDP 的百分比测度的金融体系的深度，与所有机构类别的平均资产规模显著正相关。金融体系的不同部门资产比例与除获得账户服务的融资可得性变量间有显著的相关关系。有更大的农村金融机构与其他非银行金融机构的省份，有更高比例的公司获得贷款服务。金融体系深度只与贷款获得性的测度间有显著的正相关关系。公司的许多特征彼此也有相关关系。有更多小公司、更多年轻公司的省份，公开上市的公司也越少。最后，我们的融资可得性指标与外部融资依赖度这个行业指标没有相关关系，这个原因可能是数据中的行业跨度不大的原因导致的。

表 5 - 1　　描述性统计

变量	变量说明	Obs	Mean	Std. Dev.	Minimum	Maximum
A. 公司水平特征						
account	Dummy = 1 假如公司有账户	2836	0.96	0.20	0	1
overdraft	Dummy = 1 假如公司有信用额度	2750	0.33	0.47	0	1
loan	Dummy = 1 假如公司有贷款	2732	0.31	0.46	0	1
Small firm	Dummy = 1 假如公司规模为小型	2848	0.36	0.48	0	1
Medium firm	Dummy = 1 假如公司规模为中型	2848	0.35	0.48	0	1
Big firm	Dummy = 1 假如公司规模为大型	2848	0.29	0.45	0	1
Subsidiary	Dummy = 1 假如有子公司	2848	0.14	0.35	0	1
Publicly listed	Dummy = 1 假如是公开上市公司	2846	0.02	0.14	0	1
Foreign-owned	外国投资者对该公司持股比例%	2840	3.63	16.51	0	100
State-owned	政府对该公司持股比例%	2838	6.79	24.04	0	100
Firm age	公司年龄	2765	12.90	8.40	0	125
B. 行业水平特征						
Firm sector	外部融资依赖率	1693	0.19	0.04	0.12	0.24
C. 省级水平特征						
LNGDPper capita	人均 GDP 的对数	2848	10.84	0.31	10.27	11.38
Private credit	私人信贷（占 GDP 的比例%）	2848	30.06	11.47	19.81	74.45
Asset share-bank	资产比例—银行（%）	2848	0.84	0.04	0.79	0.92
Asset share-rural institutions	资产比例—农村金融机构（%）	2848	0.14	0.04	0.03	0.20
Asset share-others	资产比例—其他非银行金融机构（%）	2848	0.01	0.01	0.01	0.05
Average size-bank	平均资产规模—银行	2848	9.96	7.06	4.82	39.98
Average size-rural institutions	平均资产规模—农村金融机构	2848	2.81	1.43	1.32	9.75
Average size-others	平均资产规模—其他非银行金融机构	2607	82.01	27.95	43.20	141.38

表 5-2 相关系数

	y1	y2	y3	x01	x11	x12	x3	x41	x51	x52
account	1.00									
overdraft	0.1205 ***	1.00								
loan	0.0937 ***	0.3613 ***	1.00							
Small firm	-0.0562 ***	-0.1413 ***	-0.192 ***	1.00						
Medium firm	0.01	0.00	0.02	-0.5537 ***	1.00					
Big firm	0.0509 ***	0.1481 ***	0.1834 ***	-0.4771 ***	-0.4677 ***	1.00				
Subsidiary	0.01	0.05 ***	0.068 ***	-0.1145 ***	-0.01	0.1354 ***	1.00			
Publicly listed	0.02	0.0815 ***	0.0585 ***	-0.0632 ***	-0.01	0.0823 ***	0.2005 ***	1.00		
Foreign-owned	0.03	0.0354 *	0.0374 *	-0.0739 ***	0.03	0.0513 ***	0.086 ***	0.0754 ***	1.00	
State-owned	0.02	-0.02	-0.044 **	-0.0464 **	-0.01	0.057 ***	0.1344 ***	0.02	-0.0587 ***	1.00
Firm age	-0.03	0.0595 ***	0.0629 ***	-0.1638 ***	-0.01	0.1852 ***	0.0872 ***	0.0794 ***	-0.0428 **	0.1561 ***
Firm sector	0.00	-0.01	-0.04	0.02	0.02	-0.03	0.02	-0.01	0.00	-0.01
Private credit	-0.01	-0.0356 *	0.1502 ***	0.0748 ***	-0.03	-0.0509 ***	0.03	0.00	0.01	-0.0575 ***
LNGDPper capita	0.01	-0.1908 ***	0.1701 ***	0.0722 ***	-0.01	-0.0608 ***	0.02	-0.01	0.03	-0.02
asset share-others	0.03	0.0322 *	0.0772 ***	0.0622 ***	-0.02	-0.0436 **	0.0485 ***	0.02	0.0344 *	-0.0422 **
asset share-rural institutions	0.01	0.0407 **	-0.068 ***	-0.085 ***	0.02	0.0741 ***	-0.02	-0.01	-0.0752 ***	0.02
asset share-bank	-0.02	-0.0551 ***	0.0559 ***	0.0797 ***	-0.01	-0.0726 ***	0.01	0.00	0.0764 ***	-0.01
average size-others	-0.0469 **	-0.093 ***	0.0611 ***	0.0368 *	0.02	-0.0595 ***	0.054 ***	0.03	0.0572 ***	0.0452 **
average size-rurual institutions	0.036 *	-0.1171 ***	0.0794 ***	0.0747 ***	-0.03	-0.0513 ***	0.02	0.02	0.0376 **	-0.0657 ***
average size-bank	0.00	-0.0864 ***	0.0658 ***	0.0842 ***	-0.03	-0.0592 ***	0.02	-0.01	0.02	-0.0568 ***

续表

	x02	x13	x7	lnx6	x83	x82	x81	x93	x92	x91
account										
overdraft										
loan										
Small firm										
Medium firm										
Big firm										
Subsidiary										
Publicly listed										
Foreign-owned										
State-owned										
Firm age	1.00									
Firm sector	0.03	1.00								
Private credit	-0.02	-0.02	1.00							
LNGDPper capita	-0.03	-0.0432 *	0.5734 ***	1.00						
asset share-others	-0.0705 ***	0.01	0.6612 ***	0.3014 ***	1.00					
asset share-rural institutions	0.0377 **	0.0413 *	-0.6722 ***	-0.667 ***	-0.6037 ***	1.00				
asset share-bank	-0.02	-0.0476 *	0.5832 ***	0.6785 ***	0.4095 ***	-0.9745 ***	1.00			
average size-others	-0.0396 **	0.00	0.3256 ***	0.2607 ***	0.6225 ***	-0.6419 ***	0.5436 ***	1.00		
average size-rurual institutions	-0.0537 ***	-0.02	0.6932 ***	0.7775 ***	0.542 ***	-0.6025 ***	0.537 ***	0.0786 ***	1.00	
average size-bank	-0.0486 **	-0.01	0.9319 ***	0.595 ***	0.7902 ***	-0.751 ***	0.6371 ***	0.4494 ***	0.7454 ***	1

注：*、**、*** 分别代表在 10%、5%、1% 的程度上显著。

第三节　实证结果与分析

一、资产比例与融资可得性

表5－3是各种类型金融机构资产比例对公司融资可得性的影响，结果认为其他类金融机构与公司获得信用透支额度便利之间有显著的正相关关系。然而，我们发现有更大比例的农村金融机构的省份的公司获得信用透支额度便利的可能性会降低，而获得贷款的可能性会提高，并且这些关系在1%水平上是显著的。我们也发现银行在总金融资产中所占比例越大与企业更低的融资可得性相关联。银行资产占总金融资产的比例，在获得账户与贷款的回归中在5%水平，显著为负；在获得信用透支额度便利的回归中，在1%水平上，显著为正。从总体上看，结果认为农村金融机构在向公司提供贷款这项融资时，是金融体系中一个非常重要的组成部分。

银行与农村金融机构的相对重要性与公司的贷款可得性之间的关系不仅在统计上而且在经济上也是显著的。农村金融机构资产所占比例的一个标准差的变动（4.12%）将导致公司获得信用透支额度的概率下降5.97%，以及获得贷款的可能性提高6.12%。银行资产比例一个标准差（3.60%）的变动，将导致公司获得银行账户的可能性降低1.07%，获得贷款的可能性降低6.19%，以及获得信用透支额度的可能性提高5.40%。这与95.67%的公司有账户，32.62%的公司有信用额度，31.26%的公司有贷款相对应。更大的经济效应在于获得信用而非获得储蓄账户。

表5－3　　资产比例与融资可得性

	Account probit mfx/se	Overdraft probit mfx/se	Loan probit mfx/se
LnGDPper capita	0.032* (0.017)	−0.494*** (0.043)	0.336*** (0.045)
Private credit	−0.0001 (0.0004)	0.004*** (0.001)	0.0048*** (0.001)
Medium firm	0.0145* (0.008)	0.088*** (0.023)	0.157*** (0.023)
Big firm	0.027*** (0.008)	0.189*** (0.025)	0.287*** (0.026)
subsidiary	−0.0011 (0.011)	0.009 (0.028)	0.039 (0.028)

续表

	Account probit mfx/se	Overdraft probit mfx/se	Loan probit mfx/se
Publicly listed	0.02 (0.019)	0.203*** (0.072)	0.108 (0.07)
Foreign-owned	0.0004 (0.0003)	0.0005 (0.0006)	0.0005 (0.0006)
State-owned	0.0002 (0.0002)	−2.8E−07	−0.0012*** (0.0004)
Firm age	−0.0008** (0.0004)	0.0015 (0.001)	0.0017 (0.001)
Asset share-bank	−0.297** (0.138)	1.503*** (0.372)	−1.724*** (0.37)
N	2743	2660	2645
#province	12	12	12
Pseudo R − squared	0.0245	0.0673	0.0847
	Account probit mfx/se	Overdraft probit mfx/se	Loan probit mfx/se
LnGDPper capita	0.023 (0.017)	−0.485*** (0.041)	0.314*** (0.043)
Private credit	−0.0001 (0.0004)	0.003*** (0.001)	0.0055*** (0.001)
Medium firm	0.0147* (0.008)	0.089*** (0.023)	0.156*** (0.023)
Big firm	0.027*** (0.008)	0.19*** (0.025)	0.287*** (0.026)
subsidiary	−0.0006 (0.011)	0.008 (0.028)	0.041 (0.028)
Publicly listed	0.02 (0.02)	0.201*** (0.072)	0.11 (0.07)
Foreign-owned	0.0004 (0.0003)	0.0005 (0.0006)	0.0005 (0.0006)
State-owned	0.0002 (0.0002)	0.0007* (0.0004)	−0.0011*** (0.0004)
Firm age	−0.0008** (0.0004)	0.0016 (0.001)	0.0016 (0.001)
Asset share-rural institutions	0.173 (0.131)	−1.452*** (0.342)	1.486*** (0.339)
N	2743	2660	2645
#province	12	12	12
Pseudo R − squared	0.0216	0.0678	0.0839
	Account probit mfx/se	Overdraft probit mfx/se	Loan probit mfx/se
LnGDPper capita	0.017** (0.014)	−0.396*** (0.037)	0.233*** (0.04)
Private credit	−0.001*** (0.0005)	0.004*** (0.001)	0.004*** (0.001)
Medium firm	0.015*** (0.008)	0.087*** (0.023)	0.157*** (0.023)

续表

	Account probit mfx/se	Overdraft probit mfx/se	Loan probit mfx/se
Big firm	0. 027 *** (0. 007)	0. 185 *** (0. 025)	0. 29 *** (0. 026)
subsidiary	-0. 0002 ** (0. 011)	0. 005 (0. 027)	0. 043 (0. 028)
Publicly listed	0. 02 ** (0. 02)	0. 202 *** (0. 072)	0. 103 (0. 07)
Foreign-owned	0. 0004 *** (0. 0003)	0. 0007 (0. 0006)	0. 0003 (0. 0006)
State-owned	0. 0002 *** (0. 0002)	-0. 0007 (0. 0004)	-0. 001 *** (0. 0004)
Firm age	-0. 0008 *** (0. 0004)	0. 002 (0. 001)	0. 0017 (0. 001)
Asset share-others	1. 253 (0. 505)	2. 444 ** (1. 231)	-0. 433 (1. 213)
N	2743	2660	2645
#province	12	12	12
Pseudo R - squared	0. 0264	0. 0636	0. 0781

注：括号里的数字为标准误差；*、**、*** 分别代表在 10%、5%、1% 程度上显著。

我们对控制变量的系数估计正如所预期的那样：有更高人均 GDP 的省份，即有更多中型与大型公司，公司更可能获得账户与贷款，但获得信用透支额度的可能性会降低。在金融更发达的省份，公司更可能获得信用透支额度便利与贷款，账户的可得性会降低。上市公司更可能获得信用透支额度便利，然而，结果显示，子公司有账户的可能性会降低。当外资对公司的持股比例提高时，公司更可能获得账户。当政府对公司的持股比例提高时，公司贷款的积极性会降低，对这样的公司来说，政府持股比例的提高与获得贷款是可替代的两种融资选择。中小企业的规模对融资可得性的影响显著为负，说明与大企业相比，规模越小的企业获得融资的难度越大。

二、平均规模与融资可得性

表 5 -4 是各种类型金融机构平均规模对公司融资可得性的影响，结果认为银行的平均规模越大，公司获得透支额度和贷款的可能性越低。农村金融机构的规模越大，更有利于公司获得账户服务，但不利于贷款的获得。其他类金融机构规模越小，公司获得账户服务和透支额度的可得性概率越大。这些估计结果在经济上也是显著的。其他类金融机构平均资产规模一个标准差是变动将导致企业获得账户服务的可能性下降 0. 98%，获得透支额度的可能性下降 2. 71%。然而，农村金

融机构一个标准差变动将导致获得账户服务的可能性提高 2. 79%，但获得贷款的可能性将下降 11. 80%。银行平均资产规模一个标准差的变动将导致公司获得信用透支额度便利的可能性下降 14. 30%，以及获得贷款的可能性降低 26. 91%。

表 5 –4　　平均规模与金融服务可得性

		Account probit mfx/se	Overdraft probit mfx/se	Loan probit mfx/se
average size-bank	平均规模 – 银行	0. 001 (0. 001)	–0. 02 *** (0. 004)	–0. 038 *** (0. 004)
N	样本容量	2743	2660	2645
#province	包含省份个数	12	12	12
Pseudo R – squared	准 R – squared	0. 0205	0. 0717	0. 1128
average size-rural institution	平均规模 – 农村金融机构	0. 02 *** (0. 006)	0. 002 (0. 124)	–0. 083 *** (0. 012)
N	样本容量	2743	2660	2645
#province	包含省份个数	12	12	12
Pseudo R – squared	准 R – squared	0. 0334	0. 0625	0. 0931
average size-others	平均规模 – 其他类金融机构	–0. 0004 *** (0. 0001)	–0. 001 ** (0. 0004)	0. 0005 (0. 0004)
N	样本容量	2527	2455	2437
#province	包含省份个数	12	12	12
Pseudo R – squared	准 R – squared	0. 0322	0. 0866	0. 0756

注：括号里的数字为标准误差；*、**、*** 分别代表在 10%、5%、1% 的程度上显著。

三、稳健性检验

我们对表 5 –3 与表 5 –4 估计结果的稳健性进行了检验，我们首先计算了各金融机构平均资产比例对融资可得性的局部效应在不同发展水平（25%、50%、75%）的省份与行业的差异（表 5 –5），这些局部效应大多都很显著，我们从表 5 –3 得出的主要结论并不随省份与行业样本的不同而变化。同样地，我们又计算了各金融机构平均资产规模对融资可得性的局部效应在不同发展水平（25%、50%、75%）的省份与行业的差异（表 5 –6），这些局部效应大多也都很显著，我们从表 5 –4 得出的主要结论也不随省份与行业样本的不同而变化。所以，我们发现，在表 5 –3 与表 5 –5 中使用二元离散选择模型估计技术所得出的主要结论是成立的。

表 5 -5　资产比例对金融服务可得性的影响在不同发展水平的省份与行业的差异

	账户			信用额度			贷款		
	P25	P50	P75	P25	P50	P75	P25	P50	P75
按人均 GDP 排序：									
其他非银行金融机构	-7.582	0.987	0.909	49.778***	-6.467**	14.505***	1.371	-2.321	20.276***
对数化的人均 GDP	-0.525**	-0.033	0.074	-1.191***	-2.028***	-2.645***	0.147	-0.316	-3.794***
农村金融机构	-7.198	0.648***	-1.563	47.257***	-0.838**	-24.948***	1.301	2.324***	-34.873***
对数化的人均 GDP	0.588	-0.091	-0.367	-8.501***	-1.736***	-9.683***	-0.055	-0.286**	-13.633***
银行	3.693	-0.616***	-2.171	-24.242***	0.874**	-34.655***	-0.668	-2.128***	-48.442***
对数化的人均 GDP	0.046	-0.065	0.687	-4.941***	-1.772***	7.132***	0.043	-0.193	9.872***
按外部融资依赖率排序：									
其他非银行金融机构	1.317	0.069	2.987*	-1.862	1.12	4.741	-2.108	-3.709*	-2.37
外部融资依赖率	-0.269	0.798**	0.253	5.448***	0.304	-1.077	4.709**	-1.893*	-1.529
农村金融机构	0.255	0.530**	0.764*	-0.782	-1.377**	-2.189**	2.399***	2.211***	2.231**
外部融资依赖率	-0.245	0.725*	0.200	5.410***	0.461	-0.834	4.689**	-2.125**	-1.758
银行	-0.41	-0.635**	-1.130**	1.077	1.530**	2.087**	-2.677***	-2.297***	-2.335**
外部融资依赖率	-0.247	0.722*	0.151	5.410***	0.455	-0.806	4.677**	-2.103**	-1.812

注：*、**、*** 分别代表在 10%、5%、1% 的程度上显著。

表 5－6　　平均规模对金融服务可得性的影响在不同发展水平的省份与行业的差异

	账户			信用额度			贷款		
	P25	P50	P75	P25	P50	P75	P25	P50	P75
按人均 GDP 排序：									
其他非银行金融机构	－0.001**	－0.000*	0.000	－0.002**	－0.001***	0.000	0.000	0.000	0.002**
对数化的人均 GDP	－0.002	0.016	－0.012	－0.470***	－0.517***	－0.489***	0.183**	0.170***	0.177**
农村金融机构	0.020*	0.016**	0.012	－0.001	0.003	0.007	－0.096***	－0.100***	－0.041*
对数化的人均 GDP	－0.043	－0.024	－0.018	－0.371***	－0.389***	－0.448***	0.442***	0.498***	0.335***
银行	0.000	0.000	0.004	－0.024***	－0.024***	－0.007	－0.051***	－0.045***	－0.013*
对数化的人均 GDP	0.011	0.02	0.002	－0.327***	－0.337***	－0.413***	0.282***	0.300***	0.267***
按外部融资依赖率排序：									
其他非银行金融机构	－0.001**	－0.001**	0.000	－0.002**	－0.002***	－0.001	0.000	0.000	0.000
外部融资依赖率	－0.079	0.682*	0.303	5.568***	0.248	－2.066	5.218**	－1.73	－2.206
农村金融机构	0.040***	0.011	0.018	－0.022	0.026	－0.011	－0.105***	－0.119***	－0.137***
外部融资依赖率	－0.378	0.792**	0.324	5.458***	0.268	－1.024	4.853**	－1.789*	－2.019
银行	0.005	－0.003	0.001	－0.031***	－0.024***	－0.020**	－0.051***	－0.052***	－0.061***
外部融资依赖率	－0.288	0.789**	0.299	5.642***	0.218	－1.306	4.866**	－1.916*	－2.405

注：*、**、*** 分别代表在 10%、5%、1% 的程度上显著。

第四节 本章结论

本章应用世界银行提供的中国企业的调查数据分析了金融机构规模结构对企业融资可得性的影响。使用账户、透支和贷款三个指标来衡量融资，把金融机构分成银行、农村金融机构和其他类金融机构三大类，用各类金融机构的总体规模和平均规模来衡量金融机构的规模结构，采用 Probit 模型进行了实证分析。实证结果表明：

第一，银行总体规模过大不利于中小企业获得贷款，但是总体规模与信贷透支显著正相关。也就是说，银行总体规模大有利于为小企业提供信贷透支类的金融服务。如给小企业发放一定额度的信用卡，就像个人信用卡一样，有一定的透支额度和免息期。这可能是在银行总资产规模占比较大的情况下更好地服务小企业的除了贷款之外的途径之一。银行平均规模与信贷透支和贷款都显著负相关，说明银行平均规模越大越不利于企业获得透支额度和贷款。换句话说，金融机构的平均规模越小越有利于为小企业提供更好的融资，提高小企业各类融资的可获得性。这一结果也正是当前我国大力发展中小金融机构的有利实证支撑和补充。

第二，农村金融机构在给小企业提供贷款方面积极作用最明显，是金融机构体系的重要组成。继续充分发挥农村金融体系的各项功能，包括合作性金融的主导功能、政策性金融的引导功能、商业性金融的支持功能和非正规金融的辅导功能。

第三，银行业各类金融机构在给中小企业提供不同的融资时，各有优势，但其他类金融机构的作用没有显现。银行业其他类金融机构是银行系统的重要补充，可以利用其非常强的灵活性、适应性、创新性为企业提供资产管理、咨询等服务。对应的政策建议是我国应该大力挖掘其他类金融机构，如信托公司、租赁公司、财务公司等服务小企业的可能，真正拓宽小企业的融资渠道。

第六章　银行业市场结构与融资可得性实证分析

第五章我们针对银行的规模结构进行了深入的讨论，得出的主要结论是支持中小金融机构的建立和发展，但这同时带来一个问题，就是在建立中小金融机构的过程中，应该遵循什么样的布局战略和原则？随着金融改革的不断深入，我国的银行业市场结构较独家垄断时期已经发生了重大变化，主要市场结构的变化如第四章所述，这些结构性变化对企业融资环境产生了巨大的影响。我们研究的目的是为了让金融能够更好地服务小微企业，从而促进社会公平。根据世界银行2011 年的统计数据显示，我国拥有贷款的企业占比仅为 25.3%，不足经济发达国家的一半（粟勤与肖晶，2015）。那么，我们不禁要问：多年来，银行业市场结构的改革是否减少了小微企业获得金融服务的障碍？在增加中小金融机构目的是为了更好地服务小微企业的情况下，什么样的银行业市场结构安排更有利于提高小微企业的融资可得性呢？

关于银行市场结构与小企业融资的研究前人已经有了不少丰硕的成果。大多都是基于信息假说（information hypothesis）和市场力假说（market power hypothesis）来探讨两者之间的关系的，而两者的结论是皆然相反的，即信息假说认为信贷市场上的垄断对有利于中小企业获得贷款，而市场力假说认为信贷市场也需要充分竞争，只有在竞争的情况下，中小企业才有可能成为各类银行争抢的服务对象，也只有在竞争中，才能真正降低利率和给出各种优惠条件，从而提高中小企业的信贷可得性。

早期对信息假说的支持中，最具代表性的研究是彼德森和拉加（Petersen，Rajan，1995）以美国中小型企业贷款数据为样本，发现银行集中度较高的市场中，银行由于不担心客户资源的流失，愿意给新生的企业发放利率较低的贷款，待其发展壮大之后再收取相对高的利率以分摊前期成本；反而，在竞争激烈的信贷市场中，银行不愿意与处于成长阶段的中小企业建立关系，使企业获得贷款的机会变小。也就是说，银行业的集中度越高，越有利于中小企业获得贷款。Fischer（2000）利用德国制造业的数据发现高集中度能够使银行更多的获得信息从而提高信贷可获性。而后，越来越多的研究（Carbó - Valverde，S. et al.，2009；Love，I. and Martínez Peria，M. S.，2012；Chong，T. T. L.，Lu，L. and Ongena，S.，2013；Ryan，R. M.，O'Toole，C. M. and McCann，F，2014）支持市场力假说，认为竞争会导致利率下降，从而提高公司的信贷可得性。可见，银行业市场结构与小企业融资问题的研究由来已久，但是结论不一。

国内很多学者针对我国的银行业市场结构进行了深入的研究，研究发现银行业结构的高度集中和专业化中小银行的发展滞后，是我国小微企业陷入融资困境的重要原因（胡海峰和赵亚明，2012），银行业竞争性的市场结构有助于缓解企业 R&D 投资的融资约束，该影响分别在民营、高科技、小型企业中表现更加显著（唐清泉和巫岑，2015）。而根据上一章节银行业结构变迁的论述中，我们发现，我国的金融资源配置存在着严重的地区不平衡的现象，所以在考察我国银行业市场结构与小微企业融资可得性关系问题时，不得不考虑中国巨大的地区经济差异以及如前所述的金融资源配置的不均衡现象。由于差异化的地区经济发展水平导致差异化的地区银行业市场结构，而差异化的银行业市场结构又进一步对地区小微企业融资可得性产生不同影响，从而导致不同地区的小微企业，其融资可获得性是不同的（罗荷花和李明贤，2016）。因此，在地区经济发展水平差异化的框架下研究银行业市场结构对小微企业融资可得性的影响具有重要的理论和现实意义。

本章基于区域经济差异化的视角对各省银行业的市场集中度和小微企业融资可得性的关系进行了深入的研究，使用 HHI 指数衡量银行业的市场结构。鉴于最近几年互联网金融的迅速发展，创新性的把各省互联网普及率也考虑进来，作为解释变量之一，充分体现了互联网时代下，小微企业融资的变化趋势。与以往研究的不同之处主要体现在以下两点：第一，基于区域经济差异化视角讨论此问题；第二，解释变量中考虑了互联网普及率的影响。下面从模型设定与变量说明，数据来源与描述性统计，实证结果与分析以及结论四个方面对实证分析进行详细论述。

第一节　模型设定与变量说明

一、模型设定

（一）研究假设

市场势力假说认为，只有竞争才能实现资源最优配置，完美的市场竞争能够以最低的成本提供最大量的信贷额（Pagano，1993；Guzman，2000），因此激烈的银行竞争通过降低贷款利率提高了所有企业的信贷可获得性，小企业也会从中受益（Carbo Valverde et al.，2009）。国内学者的研究大多支持了以上观点，即促进银行业的有效竞争，能够缓解中小企业的融资约束（张朝洋，2015；唐清泉和巫岑，2015），银行集中度越高，中小企业获得的银行融资越少（谭之博和赵岳，2012）。所以，提出第一个假设，即：

假设 1，银行业市场结构的分散化有利于提高小微企业的融资可得性。

众所周知，我国区域经济的发展很不平衡，而经济因素是影响区域金融资源配置的重要原因。经济发展强劲的地区会产生更多的金融需求，并刺激当地金融服务的供给；而经济发展落后的地区则金融资源缺乏，金融机构单一且数量较少，从而使得金融资源配置很不均衡。金融生态环境改善对中小企业贷款有促进作用（罗正英，2011）。所以，提出第二个假设，即：

假设 2，经济发展水平越高的地区，小微企业的融资可得性越高。

（二）模型设定

根据以上讨论，建立如下面板数据模型：

模型一：

$$credit_{j,t} = \alpha_j + \eta_t + \beta_1 HHI_{j,t} + \beta_2 MBS_{j.t} + \beta_3 financialdepth_{j.t} + \beta_4 GDPpercapita_{j.t} + \beta_5 Internet_{jt} + \beta_6 education_{j.t} + \beta_7 tec_{j.t} + \beta_8 NPL_{j.t} + \beta_9 open_{j.t} + e_{ij} \quad (6-1)$$

其中，被解释变量 y 代表获得短期贷款占贷款总额的比重，由于私营小微企业是小微企业的主体，其融资特点是“短、小、急、频”，且小微企业难以获得长期融资（王健聪，2012），故采用“短期贷款占贷款总额的比重”来衡量小微企业的融资可得性。主要解释变量为银行业市场集中度 HHI，β_1 衡量了银行业集中度对融资可得性的影响，根据假设 1，我们预计 β_1 是负的，即银行业集中度越低，小微企业融资可得性越高；MSB 是省级中小银行市场份额占比。预计 β_2 为正，即中小银行市场份额占比与融资可得性是正向影响。GDP percapita 是地区经济发展水平，预计其系数 β_4 为正，即符合假设 2。

为了进一步考察不同经济发展水平的地区，银行业的市场结构会给小微企业带来哪些不同的影响，设立带有 HHI × GDPper capita 的交互项模型二。

模型二：

$$credit_{j,t} = \alpha_j + \eta_t + \beta_1 HHI_{j,t} + \beta_2 HHI \times GDPpercapita_{j.t} + \beta_3 financialdepth_{j.t} + \beta_4 GDPpercapita_{j.t} + \beta_5 Internet_{jt} + \beta_6 education_{j.t} + \beta_7 tec_{j.t} + \beta_8 NPL_{j.t} + \beta_9 open_{j.t} + e_{ij} \quad (6-2)$$

各省银行业集中度与其经济发展水平的交叉项，刻画了在不同的地区经济发展水平下，银行业集中度对小微企业融资可得性的差异化效应。

二、变量说明

在现有的文献中，银行集中度的衡量指标主要有集中比率（CR）、赫芬达尔—赫希曼指数（HHI）、H 指数、Lerner 指数等。我们选用应用最为广泛的赫芬达尔指数（HHI）来反映银行业的集中度（Hannan，1997；Cetoreli and Strahan，2006；彭欢和雷震，2010；张晓枚和潘玲，2013；傅利福和韦倩等，2015），具体公式如下：

$$HHI = \sum_{i=1}^{n}\left(\frac{X_i}{X}\right)^2 \times 10000 \tag{6-3}$$

X_i 为第 i 家银行的资产额，X 为同期整个银行业资产总额。如果市场中只有一家银行，则赫芬达尔指数等于 1，即当 H = 1 时，该市场为完全垄断市场；当 H = 0 时，该市场为完全竞争市场。但在实际的应用中，都会乘以 10000。把各省金融机构按照大型商业银行、股份制商业银行、城市商业银行和农村金融机构分成四类，按照上述公式，分别计算各省 2010～2014 年的市场集中度指数 HHI。

其他变量选取的考虑，如第五章所述，由于金融资源分配不均，东部地区明显高于西部、中部等地区，金融发展水平存在很大差异，必然影响地区的小微企业融资可得性。由于近年来互联网的迅速发展，使人们不断适应信息时代的到来，并且学会运用互联网了解各种讯息。由于移动支付技术的运用在降低交易成本的同时，也增加了人们获取金融服务的渠道，因此互联网的使用程度越高，人们获取和使用金融服务的概率越大，而小微企业的主体是私营企业主，所以各省互联网普及率成为重要的解释变量之一。居民的受教育程度越高，越能追求公平的服务环境，申请贷款就越主动。而“大专及以上人口比例”是衡量教育指标最为重要的指标（谢颖，2009）。由于商业银行经营的安全性目标会对其贷款能力产生约束，因此不良贷款率也会影响银行金融服务的开展，不良贷款率越高，商业银行就需要预留越多的损失准备，从而限制其贷款的发放（Liu 和 Mirzaei，2013）。科技进步对经济发展的影响已毋庸置疑。科技发展水平越高的省份小微企业获得贷款的概率越大，越能促进科技进步，从而促进地区经济增长（见表 6－1）。

表 6－1　　　变量说明

变量名称	变量符号	变量定义
融资可得性	credit	短期贷款占贷款总额的比重
银行业市场结构	HHI	HHI 根据各类金融机构资产总额计算所得
	MSB	MSB 省级中小银行市场占比
金融发展深度	Financial depth	银行业金融机构贷款总额/地区生产总值
地区经济发展水平	GDP per capita	地区人均 GDP 取对数
互联网使用情况	Internet	互联网普及率
受教育程度	education	大专及以上学历人口比例

续表

变量名称	变量符号	变量定义
科技发展水平	tec	R&D 经费支出/地区生产总值
不良贷款率	NPL	不良贷款率
银行开放度	open	外资银行资产总额占各省金融机构资产总额的比重

第二节 数据来源及统计性描述

一、数据来源

本章使用了 31 个省区市 2010～2014 年的面板数据进行实证分析。各省银行业金融机构资产总额的数据和外资银行资产总额主要来源于各省区市 2010～2014 年的《金融运行报告》，各省区市地区生产总值和地区人均 GDP 来源于国家统计局网站，各省区市互联网普及率的数据来源于中国互联网络信息中心发布的《中国互联网络发展状况统计报告》，受教育程度、科技发展水平、不良贷款率等数据来源于 Wind 资讯。

二、统计性描述

在实证分析之前，对数据的总体情况有一个简单的把握和了解，就需要首先进行数据的描述性统计。一般情况下，描述性统计包括各变量的观测数、最大值、最小值、平均值和标准差。

从表 6－2 的描述性分析可以清晰看出，观测的数据是 31 个省区市 2010～2014 年这五年数据。在这五年间，我国的融资可得性的均衡水平处于 32.77%；银行业的 HHI 指数最大值是 0.9332，接近于 1，根据 HHI 市场结构的分类，说明有的省份的银行业市场结构甚至处于完全垄断的状态，而最低值是 0.1714，说明有的省份的市场结构已经处于低寡占型 I 型。而中小银行在各省的市场份额占比也是极其不均衡，最大的达到 74.18%，最小的仅 3.4%，可见银行业市场结构在各省的不同对比（见表 6－2）。

表 6－2 描述性统计

	观测数	最小值（M）	最大值（X）	平均值（E）	标准偏差
credit	155	0. 0338	0. 7766	0. 3277	0. 1081
HHI	155	0. 1714	0. 9332	0. 2614	0. 1079
MSB	155	0. 0340	0. 7418	0. 5678	0. 1023
Financial depth	155	0. 5941	2. 1311	1. 1216	0. 3428
GDP per capita	155	9. 4818	11. 5639	10. 5641	0. 4460
Internet	155	19. 8000	75. 3000	42. 3311	12. 8673
Education	155	0. 2202	1. 1113	0. 5273	0. 1909
tec	155	2. 2898	211. 4877	90. 3941	52. 8181
NPL	155	0. 2300	4. 0300	1. 0495	0. 4469
open	155	0. 0000	0. 1266	0. 0111	0. 0239

从金融发展深度的角度来看，银行业金融机构贷款总额是 GDP 的 1. 1216 倍；人均 GDP 对数值已达到 10. 5641；互联网使用率在 2010 ~ 2014 年已经达到 42. 33%；大专以上学历的人口占比达到 52. 73%；科研经费占 GDP 比重高达 90%；不良贷款率的平均值是 1. 0495%；可以看出，我国近几年的 GDP、教育状况、互联网普及率状况呈现平稳增长的状况，但是，总体而言，银行业开放度则非常低，外资银行的总资产占比仅仅只有 1. 11%。

第三节　实证结果与分析

按照模型一，以融资可得性作为因变量，其余变量作为自变量进行实证分析。由于本面板数据的年份度为 2010 ~ 2014，只有 5 年，因此为短面板数据，不会出现伪回归现象，因此不需要进行平稳性及协整检验①，可以直接进行回归分析。

面板回归模型包含影响形式和模型形式两个主要方面，其中影响形式包含固定效应影响和随机效应影响，模型形式包含变截距模型、变系数模型和混合模型。进行面板回归分析时，首选需要确定影响形式，选用的检验方法是 Hausman 检验；确定了影响形式之后再选择面板回归模型。

本回归模型的 Hausman 检验的第一步是估计随机效应模型，然后再进行

① 易丹辉．数据分析与 Eviews 应用［M］．中国人民大学出版社，2007.

Hausman 检验，结果如下：

表 6 –3　　Hausman 检验

Correlated Random Effects – Hausman Test			
Test cross-section random effects			
Test Summary	Chi – Sq. Statistic	Chi – Sq. d. f.	Prob.
Cross-section random	7. 343795	9	0. 6014

从表 6 –3 的结果可以看出，Hausman 检验的统计量为 7. 35，伴随概率统计为 0. 601 >0. 05，因此，最后确定本面板回归模型建立随机效应影响模型。确定了影响效应形式之后，还需要进一步确定面板回归的模型形式，模型形式确定的依据主要是根据现实的经济意义，由于本书选取的九个自变量对因变量融资可得性造成的影响必然不相同，因此这九个自变量的系数肯定不同，本回归模型的模型形式确定为变系数模型。

然后，对自变量和因变量进行随机效应的变系数面板回归，结果如下（见表 6 –4）：

表 6 –4　　回归分析结果

Dependent Variable：Y（融资可得性）				
Method：Panel Least Squares（面板最小二乘估计）				
Sample：2010 2014				
Periods included：5				
Cross-sections included：31（31 个省区市）				
Total panel（balanced） observations：155				
Variable	Coefficient	Std. Error	t – Statistic	Prob.
C	–0. 882169	0. 467865	–1. 885522	0. 0614
HHI	–0. 148934	0. 211011	–2. 705813	0. 0140
MSB	0. 077972	0. 221596	2. 351864	0. 0171
Financial depth	–0. 017379	0. 030507	–0. 569670	0. 5698
GDP per capita	0. 111344	0. 046410	2. 399110	0. 0177
Internet	–0. 000919	0. 001560	–0. 589342	0. 5565
Education	–0. 128318	0. 056014	–2. 290830	0. 0234

续表

tec	0.000726	0.000228	3.185486	0.0018
NPL	0.029156	0.018364	1.587692	0.1145
open	1.777614	0.432097	4.113921	0.0001
R - squared	0.311205	Mean dependent var		0.327718
Adjusted R - squared	0.268453	S. D. dependent var		0.108129
S. E. of regression	0.092483	Akaike info criterion		-1.861235
Sum squared resid	1.240210	Schwarz criterion		-1.664885
Log likelihood	154.2457	Hannan - Quinn criter.		-1.781482
F - statistic	7.279185	Durbin - Watson stat		1.919506
Prob (F - statistic)	0.000000			
形式		随机效应		
模型		变系数模型		

以上回归参数估计选用的估计方法为面板最小二乘估计，由表6-4展示的结果可以清晰看出，$R^2=0.3112$，$F=7.29$，$P=0.000<0.05$，即该面板回归是显著，说明参与回归分析的九个自变量中至少有一个自变量能够对因变量融资可得性进行解释，并且这些自变量能够反映因变量融资可得性26.85%的变异程度。

更进一步，结合T检验的结果，可以知道，地区经济发展水平（$T=2.399$，$P=0.017<0.05$）、受教育程度（$T=-2.29$，$P=0.023<0.05$）、科技发展水平（$T=3.185$，$P=0.018<0.05$）、银行业开放度（$T=4.114$，$P=0.001<0.05$）更能够显著影响融资可得性。

银行业市场结构HHI指数的系数为负，说明市场结构对融资可得性有着显著的负向影响，即市场结构越集中，小微企业的融资可得性越低。也就是说，完全垄断的银行业市场结构不利于小微企业获得融资。

MSB省级中小银行市场占比对因变量融资可得性也有着显著的正向影响，回归系数为0.078>0，即省级中小银行市场占比越大，意味着融资可得性越强。中小银行对其所处地区的金融业发展起着举足轻重的作用。

经济发展水平（X4）对因变量融资可得性有着显著的正向影响，回归系数为0.11>0，即经济发展水平越高，意味着融资可得性越强，结合前面的描述性分析结果可以知道，北京、广东、浙江、江苏、上海、山东等地区的经济发展水平显著优于其他区域，而西藏、新疆、贵州等区域的经济发展水平则明显落后。由此可以知道，在北京、广东、浙江、江苏、上海、山东等发达区域小微企业融资则更容易。

银行业开放度（X9）对因变量融资可得性有着显著的正向影响，回归系数为1.778>0，即银行业开放程度越高小微企业获得融资可得性越强。

为了进一步了解不同经济发展水平的地区，银行业的市场结构会给小微企业带来哪些不同的影响，接下来，对模型二进行回归分析（见表6-5）。

表6-5　回归分析结果

Variable	Coefficient	Std. Error	t-Statistic	Prob.
C	1.125557	0.749017	1.502712	0.1351
HHI	-8.723106	2.771652	-3.147258	0.002
MSB	-0.028642	0.0296	-0.967647	0.3348
Financial depth	-0.07947	0.075074	-1.058558	0.2916
GDP per capita	-0.001912	0.001533	-1.247293	0.2143
Internet	-0.105717	0.054602	-1.936127	0.0548
Education	0.000591	0.000223	2.649529	0.009
tec	0.059429	0.020121	2.953551	0.0037
NPL	-1.271249	0.446759	-1.845491	0.0651
HHI * GDPper capita	0.869223	0.273459	3.178626	0.0018
R-squared	0.355525	Mean dependent var		0.327718
Adjusted R-squared	0.315523	S. D. dependent var		0.108129
S. E. of regression	0.089459	Akaike info criterion		-1.927741
Sum squared resid	1.160411	Schwarz criterion		-1.731391
Log likelihood	159.4	Hannan-Quinn criter.		-1.847988
F-statistic	8.887686	Durbin-Watson stat		0.941605
Prob（F-statistic）	0			

从表6-5的面板回归分析结果可以清晰看出，在0.05的显著性水平下，银行业市场结构HHI、银行业市场结构与经济发展水平的交互项均显著。交互项的系数为正数且HHI的系数为负数，意味着随着经济发展水平的递增HHI对小微企业融资可得性的负向影响会逐步减弱。

第四节　本章结论

通过以上分析，可以得到如下结论：

第一，银行业集中度 HHI 指数越低的省区市，小微企业的融资可得性越高。说明银行业市场结构越分散，越有利于小微企业得到贷款。由于各地区 HHI 指数差异较大，造成了不同地区的小微企业的融资可得性存在明显差异。在建立中小金融机构的过程中，要注意促进落后地区金融业的发展和基础设施等条件的改善，通过改变地区银行业集中度来改变当地小微企业的融资可得性。

第二，经济发展水平不同的地区，HHI 和 MSB 的影响水平是不同的。经济发展水平越高的地区，银行业市场结构越分散，随着市场结构的分散，对小微企业融资可得性提高的影响越小。也就是说，市场结构的分散化不能一直持续下去，应该有个拐点，到了一定水平就会起到负作用。这个结论对于我国当前大力发展民营银行、村镇银行等中小金融机构的政策可能是个提醒。应该着重改善银行业集中度非常大的中西部省份和地区，而不是一味地追逐基础条件已经很好的东部地区。暗含的政策是建立中小银行等金融机构时需要考虑区域银行业结构差异。

第三，不同地区的小微企业，其融资可获得性是不同的。经济发展水平较高的地区，资金相对更为充裕，金融基础设施建设比较完善，金融生态环境相对较好，金融市场竞争较激烈，会显著地提高小微企业融资可获得性。这个与罗荷花和李明贤（2016）的结论是恰巧一致。

第四，虽然引入了各省区市互联网普及率这个解释变量，但是结果却并不显著。肯定地说，互联网金融有它自身的优势：如突破传统银行服务中时间与空间的局限，能够随时随地为客户提供金融供给、容纳了海量客户，规模经济凸显，单个客户边际服务成本足够低等。也为小微企业拓宽了融资渠道，降低信息不对称性。但是 P2P 平台“跑路”现象频发，使互联网金融的风险凸显，也给金融监管带来很多新的难题，这个可以作为进一步的研究方向。当前，就银行业金融机构而言，各省区市互联网普及率并没有成为影响其小微企业融资可得性的重要因素。银行业需要学会利用互联网的优势，借助智能技术，以前所未有的精准度来持续跟踪客户情况，例如，可以了解客户的消费偏好、市场区域化差异或需求波动等信息，进而提高对客户预期收益、资产价值和整体商业价值的准确评估，帮助客户完善市场定价、实现精准营销，这样才能有效解决小微企业风险不易把控的问题①。

① 郭田勇．多措并举破解小微企业融资难题．经济日报，2016－1－5.

第七章　银行业股权结构与放贷行为实证分析

第六章我们对银行业市场结构做了深入的研究，得到了一些重要结论。但是，如果不考虑股权结构的影响，单纯考虑市场结构的变化是不全面的。因为市场结构和股权结构共同影响我国银行业的结构变化。股权结构的变化才是影响银行行为的关键。

随着金融改革的深入推进，金融开放的步伐也明显加快，引入外资、吸引民间资本进入金融业的实践有条不紊地进行中，使得我国商业银行的股权结构越来越多元化。股权结构是公司治理理论的重要内容，无论对宏观的金融资源合理配置和经济环境的稳定，还是对微观的公司治理结构优化，商业银行股权结构问题的深入研究都具有重要的理论和现实意义。

以往的关于商业银行股权结构的文献研究有两条主线，其一是把研究重点放在商业银行的股权结构对其经营绩效的影响上（赵贞和张建平，2014；赵尚梅和杜华东等，2012；高正平和李仪简，2010），其二是关于商业银行股权结构与商业银行风险承担的研究（牛丽娟，2015；潘敏和张依茹，2012；梁洪波和刘远亮，2012）。近年来，随着银行公司治理问题研究的发展，很多学者研究发现商业银行的股权结构将显著影响其信贷行为（Sapienza，2002；Jia，2009）。其中银行股权持股比例的分布状况以及股东性质的不同这两者对于银行的信贷行为具有很大影响（Barry，2011）。但是国内学者关于商业银行股权结构对其信贷行为的影响的研究则较少，对小微企业放贷行为的研究更是凤毛麟角。

国外学者的研究通常的做法是将商业银行分为国有商业银行和非国有商业银行两大类，然后分析不同股权性质的商业银行在不同经济状况的信贷行为特点。其中代表性的结论是国有商业银行由于承担着国家宏观调控的职能，其表现会与非国有商业银行有所不同。如米科·帕尼萨（2007）通过对全球主要国家的商业银行的数据进行理论和实证分析得出，不同股权结构的商业银行在面临不同经济周期时，信贷行为会表现出不同特点，非国有商业银行的信贷行为要比国有商业银行具有更大的顺周期性。原因就在于国有商业银行和非国有商业银行的职能、性质不同。国有商业银行，除了具有一般性商业银行所具有的盈利的目标之外，还承担着国家宏观调控的职能，是政府实现经济政策目标的措施和工具。此外，福斯（2009）通过对德国银行业的研究发现，国有银行比非国有银行的信贷行为，无论是经济波动时期还是经济稳定时期都更加具有稳定性。把出现这种现象的原因归咎于国有商业银行承担有国家宏观调控的职能，有实现政府的经济政策目标的使命。与米科·帕尼萨（2007）的结论一致。

民间资本进入银行业是国内学者关注的热点话题。过去垄断的国有金融产权结构是赶超战略的直接结果。在经济落后为了迅速崛起的赶超阶段，只有国家垄断的金融制度安排才能确保最大限度的动员储蓄和按照国家意愿配置信贷资金

（张杰，2011）。而随着经济的不断发展和客观条件的不断改善，我国民营经济迅速发展而产生的经济结构变动的趋势使民营中小银行在产权、组织结构方面的优势更加突出（陆文明，2003）。杨晓光和卢授永（2003）认为民营资本以产权改造方式进入银行业是银行业改革的首选方式，之所以提出这样的政策建议是因为考虑到银行业的特殊性和重要性，考虑到当时我国经济环境的发展情况和面对WTO冲击的紧迫性，将民营资本引入到现有银行体系的产权改造中，可以在控制风险的前提下实现效率的提高，并且为银行业完全放开后面临的巨大冲击赢得应对的时间和成长的机会。时至今日，民间资本在银行业的产权改造和机构改造兼而有之。

如今，已有100余家中小商业银行的民间资本占比超过50%，其中部分为100%民间资本[①]，并且有5家民营银行（深圳前海微众银行、温州民商银行、天津金城银行、上海华瑞银行、浙江网商银行）被银监会批准筹建；且其中4家于2015年3月前获批开业。这意味着民营银行正式成为中国银行业的一员。在尚福林看来，发展民营银行，也是希望利用其来自民间、熟悉民企、贴近民众的天然特点，补充大型银行服务小微企业的不足[②]。

诚然，民营银行服务小微企业的作用还需要在实践中检验，但是银行业的产权改造对其信贷行为影响的研究却迫不及待。贝克和昆特等（2011）用45个国家91家大银行的数据，研究了不同所有权类型的银行如外资银行、私人银行和国有银行对中小企业的不同的放贷行为，发现外资银行并不看重“软”信息，也不重视关系贷款，并且不会因为给中小企业贷款而分散或下沉审批权限。周月书与韩乔（2015）选取江苏省48家农村商业银行2009~2013年的相关数据，运用面板数据固定效应模型实证检验了产权改革对农村商业银行信贷行为的影响。研究发现，产权改革促进了农村商业银行支农信贷的投放，但对贷款总体增长率并没有显著影响；农业贷款占比与净资产收益率显著正相关，表明农村商业银行增强支农力度与其追求商业化利润之间并不矛盾；产权改革促使农村商业银行提高贷款拨备率和贷款损失计提水平，贷款风险防范水平显著提高，但受宏观经济环境影响，信用风险水平有所上升。熊熊和张维等（2008）研究了银行治理结构对中小企业获得贷款的可能性产生的影响，从国内外银行治理结构的角度出发，结合信贷配给理论，对不同治理结构下的银行行为通过建模进行了比较分析后，发现我国商业银行治理结构过分考虑放款安全性，将必然加大信贷市场配给程度，降低中小企业获得银行贷款的可能性，并提出解决银行不愿给中小企业贷款的问

---

① 数据来自《中国银行业监督管理委员会2014年年报》。

② 温源．银行业向民间资本敞开大门．光明日报，2015-6-27.

题，更重要的是，要通过改善商业银行治理结构，促进商业银行主动向中小企业贷款。随着城市商业银行发展的不断壮大，祝继高和饶品贵等（2012）基于2004~2009年城市商业银行数据，分析了我国城市商业银行的公司治理结构对其信贷行为、不良贷款和银行业绩的综合影响。研究发现，股权结构是影响我国商业银行信贷行为和经营业绩的重要因素，并发现股权结构会通过影响城市商业银行的贷款集中度和贷款流向影响银行经营业绩，但是并没有指出贷款流向的企业类型或行业。

上述研究成果给我们以启发，特别是通过以上对银行业的市场结构和规模结构的较宏观的分析之后，我们不禁想要知道，不同股权结构这个微观视角的商业银行对小微企业的放款行为有什么不同的影响。本章将通过对5家大型商业银行、12家股份制商业银行和22家城市商业银行的股权集中度、股权制衡度和股权性质等指标的考察，来探求商业银行股权结构的不同对小微企业放款行为的不同影响。本章的研究从银行公司治理的视角为小微企业融资的微观机制提供了一个新的解释。

第一节　模型设定与变量说明

一、模型设定

以伯杰和德尔（2004）、希门尼斯和塞布丽娜（2005）的模型为基础，根据实际需要进行调整，设定模型如下：

$$y_{j,t}=\alpha_j+\beta_1x1_{j,t}+\beta_2x2_{j.t}+\beta_3x3_{j.t}+\beta_4x4_{j.t}+\beta_5x5_{j.t}+\beta_6x6_{j.t}+\beta_7x7_{j.t}+\beta_8x8_{j.t}+\beta_9x9_{j.t} \quad (7-1)$$

其中，y是各银行各年的“小微企业贷款余额占比”，x1、x2、x3、x4是各银行股权结构的衡量指标，x1是各银行的第一大股东持股比例，用以衡量股权集中度；x2是第一大股东持股比例除以第二大股东持股比例，用以衡量股东之间的制衡度，即Z指数；x3是各银行国有股持股比例；x4是各银行外资股持股比例。这四个解释变量是我们最关注的变量。

其他变量x5、x6、x7、x8是银行的控制变量，即银行规模、不良贷款率、资本充足率和净资产收益率；x9是宏观控制变量。

因为样本中的银行有上市和非上市之分，为了考察一下上市银行和非上市银行在给小微企业发放贷款时是否有差异，我们又增加了一个虚拟变量。

二、变量说明

本章使用“小微企业贷款额占贷款总额的比重”来衡量各种不同股权结构的商业对小微企业的放贷行为。因为使用“小微企业贷款余额占比”是最符合研究目的的，这个比例能够直接反映各银行对小微企业的重视程度。比例越高说明该行给小微企业发放的贷款越多，小微企业是其主要客户群体。

衡量股权结构最常用的指标就是股权集中度和股权性质（Iannotta，2007）。

股权集中度，指全部股东因持股比例的不同所表现出来的股权集中还是股权分散的数量化指标。一般通过第一大股东的持股比例来反映，即第一大股东持股份额在公司总股份中所占比重。如果此比例在50%以上，被认为是股权高度集中型；在20%以下被认为是股权高度分散型；在20%～50%属于股权相对集中或相对分散型。

表7－1　　变量说明

变量类型	变量名称	变量符号	变量定义
被解释变量	小微企业贷款占比	Y	小微企业贷款总额占全部贷款总额的比重
主要解释变量	股权集中度	x1	第一大股东持股比例
	股权制衡度	x2	第二大股东持股比例
	国有股持股比例	x3	国有股持股比例
	外资股持股比例	x4	外资股持股比例
其他解释变量	银行规模	x5	总资产（取对数）
	不良贷款率	x6	不良贷款率
	资本充足率	x7	资本充足率
	净资产收益率	x8	净资产收益率
	GDP增长率	x9	GDP增长率
虚拟变量	是否上市	x10	上市＝“1”，非上市＝“0”

股权性质，即各种不同性质的股东所持股份的多少及地位。国外的研究多是从国有和私有两个角度考量，国内则将股权性质分为国有股、法人股和社会公众股三个方面。法人股又分为国有法人股和社会法人股。由于加入WTO后金融业的开放和战略合作伙伴的引入，外资股逐渐成为我国商业银行股权结构中一道“风景线”。所以，主要考察国有股比例和外资股比例。如果国有股比例为0，外

资股比例也为 0，则意味着这家银行为 100% 民间资本，比如民生银行就是其一。

股权制衡度，也是一个衡量股权结构的重要指标，是指第一和第二大股东两者之间的持股比例的比值，又被称为 Z 指数。Z 指数越大，第一大股东与第二大股东的力量差异越大，第一大股东的优势越明显，因此，Z 指数能够更好地界定首位大股东对公司的控制能力，反映了第一大股东和第二大股东控制权的均衡程度。Z 指数大于 1.5 表明，第一大股东对银行掌握着主要的控制权（赵尚梅和杜华东等，2012）。

另外，影响银行给小微企业发放贷款的变量不仅仅只有股权结构和股权性质，因此进一步引入如下控制变量。已有的文献发现银行规模对给小微企业放贷有影响（Berger，A. and Udell，G.，1998；Stein，2002；Berger and Udell，2002；Berger et al.，2005，林毅夫和李永军，2001 等），用银行的总资产来衡量。一般认为，银行规模越大，越希望与大企业合作，而不适合给小微企业发放贷款。宏观控制变量：GDP 增长率。其他控制变量的选取主要参考祝继高和饶品贵等（2012）、钱燕和万解秋（2013）、潘敏和张依茹（2013）、周月书和韩乔（2015）等。

由于选择的银行样本里有上市和非上市银行，也想考察一下上市与非上市对小微企业贷款有何影响，于是增加了虚拟变量。

第二节　数据来源及描述性统计

一、数据来源

本书选取了 5 家大型国有控股商业银行、12 家股份制商业银行和 22 家城市商业银行作为样本，搜集了各家银行 2010 ~ 2014 年的年报，主要来源是各银行官方网站。然后手工搜集整理了所有研究所需变量。股权结构的信息主要来自年报的“股本情况及主要股东持股情况”这部分。其他的财务信息来自“财务概要”这部分。

截至 2015 年 6 月，我国城市商业银行共 134 家，以《2015 中国城市商业银行排名 top100》为依据，从前到后，力求涵盖多数省份为原则，选择以下城市商业银行为样本，地区分布如表 7 - 2 所示。其他数据主要来源于 wind 资讯。

表 7－2　　　　样本城市商业银行地区分布

省份	城市商业银行
北京	北京银行、昆仑银行
广东	华润银行
广西	广西北部湾银行、柳州银行
广州	广州银行
河北	沧州银行、河北银行
河南	洛阳银行、郑州银行
湖北	汉口银行
湖南	长沙银行
江苏	江苏银行、南京银行、苏州银行
辽宁	营口银行
内蒙古	包商银行
山东	日照银行
浙江	杭州银行、宁波银行、浙江泰隆商业银行
陕西	西安市商业银行
重庆	重庆三峡银行

二、统计性描述

首先对所选取样本模型中的主要变量做了一个全样本描述性统计，具体情况如表 7－3 所示：

表 7－3　　　　总样本描述性统计

	Obs.	Mean	Maximum	Minimum	Std. Dev.
Y	104.000	33.1313	90.28	4.61	22.56
X1	104.000	21.738	67.72	5.510	18.61
X2	104.000	1.9503	9.340	1.00	1.644
X3	104.000	32.335	80.000	0.00	27.829
X4	104.000	12.606	38.77	0.00	12.501
X5	104.000	17.680	21.450	14.320	1.840
X6	104.000	0.864	1.930	0.24	0.311

续表

	Obs.	Mean	Maximum	Minimum	Std. Dev.
X7	104.000	12.598	16.84	8.97	1.294
X8	104.000	18.932	30.78	0.92	5.193
X9	104.000	7.981	9.5	7.30	0.808

通过对总体样本的一般描述性统计表，我们可以看出中小微企业的贷款余额占比的均值在33.13%左右，同时，根据最大最小值我们也能发现各银行的中小微企业贷款余额占比的差异非常悬殊，最低的仅4.61%，最高的达90.28%。可见，有些银行已经把自己的客户明确定位在中小微企业上。

再看X1第一大股东持股比例，所有样本的平均值是21.738%，其中最大值为67.72%，最小值仅为5.51%，第一大股东的持股比例如果在20%一下，就说明股权属于分散型，可见第一大股东持股比例仅5.51%的银行已经属于股权极度分散的状态。

X2是第一大股东持股比例和第二大股东持股比例的比值，该值最小值为1说明，第一大股东和第二大股东持股比例相同。最大值为9.34说明，第一大股东持股比例是第二大股东持股比例的9.34倍。均值为1.95说明，所有样本评价情况下，第一大股东持股比例是第二大股东的近2倍。

X3是国有股持股比例，均值为32.335%，最高值为80%，国家绝对控股权；最低值是0，即说明有的银行是民营银行。

X4是外资股持股比例，最高值达38.77%，可见，外资股在我国银行业的股权结构里，已经成为重要的战略合作伙伴，并在某些银行中占有重要的地位。外资股比例的最低值为0，均值为12.6%。

为了能更清楚地看到大型商业银行、股份制商业银行和城市商业银行这三类的不同变量的区别，接下来我们分别把三类样本的统计性描述列出（见表7-4）。

表7-4　大型商业银行统计性描述

	Mean	Maximum	Minimum	Std. Dev.
Y	23.119	48.060	6.130	15.892
X1	45.279	67.720	26.520	15.189
X2	1.5385	2.320	1.000	0.561
X3	65.638	80.000	52.000	10.140

续表

	Mean	Maximum	Minimum	Std. Dev.
X4	26. 822	38. 770	9. 030	10. 555
X5	20. 860	21. 450	19. 790	0. 450
X6	1. 096	1. 550	0. 850	0. 203
X7	13. 461	14. 710	11. 940	0. 738
X8	19. 820	23. 440	14. 870	2. 348
X9	8. 050	9. 500	7. 300	0. 875

由于渤海银行有重要的变量缺失，所以是 11 家股份制商业银行进入实证模型。以下是 11 家全国性股份制商业银行的各变量统计性描述（见表 7－5）。

表 7－5　股份制商业银行统计性描述

	Mean	Maximum	Minimum	Std. Dev.
Y	19. 074	53. 820	4. 030	13. 378
X1	28. 257	66. 950	14. 290	14. 997
X2	2. 921	9. 340	1. 000	2. 401
X3	31. 958	74. 000	0. 000	26. 887
X4	13. 191	31. 000	0. 000	10. 415
X5	19. 040	19. 870	17. 370	0. 659
X6	0. 793	1. 480	0. 240	0. 276
X7	11. 724	13. 940	8. 970	0. 910
X8	20. 157	26. 650	14. 800	2. 961
X9	8. 023	9. 500	7. 300	0. 835

通过对三大类银行进行分别的统计性描述，三类银行各自的不同特点才凸显出来。接下来我们把我们关心的重要变量一一进行比照（见表 7－6）。

表 7－6　城市商业银行统计性描述

	Mean	Maximum	Minimum	Std. Dev.
Y	44. 794	90. 280	8. 450	22. 340
X1	19. 445	82. 000	5. 510	14. 338

续表

	Mean	Maximum	Minimum	Std. Dev.
X2	2.023	17.860	1.000	2.865
X3	19.780	92.660	0.000	24.123
X4	5.722	23.950	0.000	8.741
X5	16.340	18.840	14.320	0.875
X6	0.795	1.930	0.030	0.337
X7	12.786	19.180	10.510	1.539
X8	18.166	30.780	0.920	6.509
X9	8.023	9.500	7.300	0.835

首先是中小微企业贷款占比的均值，44.79% >23.12% >19.07%，即城市商业银行高于股份制商业银行，股份制商业银行高于大型商业银行。可见，城市商业银行在服务小微企业中的重要地位和作用。据银监会统计，截至2015年11月末，城商行各项贷款余额8.57万亿元，较年初增长16.08%。其中，用于小微企业的贷款余额3.65万亿元，较年初增长19.87%，连续6年实现“两个不低于”目标。可以说，城商行已成为小微企业金融服务的重要“生力军”，构成了地方金融体系的重要组成部分，改善了我国银行体系的结构，填补了金融服务的不足，积极支持了实体经济发展①。

通过对第一大股东持股比例的均值的对照，可以发现第一大股东持股均值以大型商业银行、股份制商业银行和城市商业银行的顺序逐渐下降，45.28% >28.26% >19.45%，即股权集中度依次分散。

对于大型商业银行来说，国家对其股权的掌控上基本上处于绝对优势，毋庸置疑，国家在其中处于绝对控股地位。从X3即国有股持股比例上，也能看到这一点。三大类银行的国有股比例的均值依次为65.54%、31.96%、19.78%。

就股权制衡度Z指数而言，即第一大股东持股比例与第二大股东持股比例之比，可以看出三类商业银行的均值分别为大型商业银行1.51，城市商业银行的是2.02，股份制商业银行的是2.92，最高，即第一大股东掌握着绝对的控制权。

再看外资股持股比例，大型商业银行均值最高26.82%，城市商业银行均值最低5.72%，可见外资银行入股时，会主动选择那些大型的或者业绩好的银行。

各类银行的小微企业贷款占比的差异和各银行股权结构的分析大概就是这

① 银监会．城商行成为小微企业金融服务重要生力军．张末冬．金融时报，2015-12-19.

样，接下来我们来看一下回归结果，关注股权结构的各变量对小微企业贷款的影响。

第三节 实证结果与分析

如表7－7所示，是对数据进行一阶差分之后使用随机效应模型的结果（见表7－7）：

表7－7 回归结果

Variable	Coefficient	Std. Error	t－Statistic	Prob.
C	2.754312	0.949939	2.899464	0.005
X1	－0.4999	0.171864	－2.908692	0.0049
X2	1.583728	0.390215	4.058603	0.0001
X3	0.03251	0.009798	3.318064	0.0014
X4	0.244954	0.095729	2.558843	0.0127
X5	－1.070278	5.810026	－0.184212	0.8544
X6	1.0245	0.904686	1.132437	0.2613
X7	0.018136	0.267787	0.067726	0.9462
X8	0.529861	0.225845	2.346127	0.0218
X9	0.463701	0.195288	2.374444	0.0203
X10	－0.646917	0.376261	－1.719332	0.09

从结果中，我们可以看出，X1、X2、X3、X4、X8、X9都非常显著，即第一大股东持股比例、第一大股东持股比例与第二大股东持股比例之比、国有股持股比例和外资股持股比例以及净资产收益率和GDP增长率对小微企业贷款占比都显著的影响。

在上述实证结果中，我们可以看到，第一大股东持股比例的系数为负（即－0.5），说明第一大股东持股比例越高小微企业贷款占比就会越低，即第一大股东持股比例越高越不利于小微企业贷款。

其次，我们再观察股权制衡度对小微企业贷款余额的占比情况，即第一大股东大股东持股比例与第二大股东持股比例之比。股权制衡度的系数是1.5837，为正且显著，说明商业银行的股权制衡度越高越有利于提高小微企业融资可得性。

最后，我们再观察一下股权性质的影响，发现国有股和外资股的持有比例也会对小微企业贷款余额占比有正的效用。系数分别为 0.032 和 0.245，即国有股和外资股的持有都对小微企业贷款有正的影响。同样的道理，净资产收益率和 GDP 增长率对被解释变量业都有正的影响。

第四节 本章结论

通过以上实证分析，我们得出如下结论：

第一，商业银行的股权结构是提高小微企业融资可得性的重要影响因素。使用股权集中度、股权制衡度 Z 指数和股权性质来衡量商业银行股权结构，对各行小微企业贷款余额占贷款总额的比重进行回归分析，发现衡量商业银行的股权结构的变量均显著，即商业银行股权结构对小微企业的信贷行为有重要的影响。

第二，第一大股东持股比例不易过高，且股东之间要相互制衡，这样更有利于提高小微企业融资的可得性。更进一步，我们发现第一大股东持股比例对小微企业贷款余额占比的影响是负的，即第一大股东持股比例越高，越不利于为小微企业发放贷款。并且，大股东之间的制衡度的系数是正，且显著，说明股东之间的制衡度 Z 指数越高，越有利于提高小微企业融资可得性。也就是说，股东之间要相互制衡，而不是一股独大，形成内部控制人，这样即不利于银行的现代化公司治理，又会影响商业银行的信贷行为。

第三，国有股和外资股对小微企业贷款余额的占比的影响都是正的。这个结论暗含着商业银行的股权结构多元化是提高小微企业贷款可得性的重要路径。

通过以上的分析可以看到，大型商业银行、股份制商业银行和城市商业银行对小微企业的融资服务都非常重视，仅从股权结构来看，股权结构分散化是城市商业银行小微企业贷款比例更高的原因之一。

基于银行业结构视角的小微企业融资可得性研究

Chapter 8

第八章 政策建议

以上通过对银行业规模结构、市场结构和股权结构的实证分析，得出了一些重要的结论，本章将结合世界主要发达国家银行业支持小微企业融资的实践启示基础上，根据实证结论和我国的本土特点提出一些有针对性的政策建议。

2016 年 3 月 5 日，《国民经济和社会发展第十三个五年规划纲要（草案）》(以下简称《规划纲要（草案）》正式出炉。《规划纲要（草案）》提出，“要加快金融体制改革，完善金融机构和市场体系，健全现代金融体系，提高金融服务实体经济效率和支持经济转型的能力，有效防范和化解金融风险。丰富金融机构体系，健全金融市场体系，改革金融监管框架”。而提高金融服务实体经济的效率和支持经济转型的能力，需要从提高小微企业融资可得性入手。以下根据前述实证分析的结果，从银行业结构调整的几个方面提出针对性的政策建议。

一、大力发展中西部地区中小型银行业金融机构

结合第五章和第六章的实证结果，我们提出要大力发展中西部地区中小型银行业金融机构这个政策建议。目前，我国各省区市的市场结构差异很大，而市场结构会对小微企业融资可得性产生很大的影响。虽然降低银行业集中度会提高小微企业融资可得性，但在区域经济发展差异化的背景下，我国银行业结构的区域布局日益失衡，东部银行业市场竞争激烈而中西部银行业市场竞争明显不足。在国家大力推进中小金融机构建设、准许民间资本进入银行业的大背景下，如果不加区别地降低银行的准入标准，有可能会有更多中小银行在东部发达地区组建。这样不仅会加剧银行区域布局的失衡，而且根据第六章的结论，当东部发达地区银行竞争达到一定程度时，再增加金融机构会削弱东部发达省份银行业市场结构分散化对小微企业融资可得性的积极作用，也不利于中西部银行业市场结构的分散化及小微企业的发展。因此，应该大力发展中西部地区中小型银行业金融机构，对金融机构进行合理布局，进一步优化银行业的市场结构，从而缩小小微企业融资可得性的地区差异。

在讨论这个问题的时候，我们采用了产业组织理论的一般理解，即银行业集中度越高，市场垄断性越强，市场竞争度越低；银行业集中度越低，市场竞争度越高。然而，随着金融业开放程度的不断加深，银行业集中度和竞争度很可能不再遵循这个线性关系，正如傅利福和韦倩等（2015）的研究成果那样，金融业开放程度是影响两者关系的关键因素。当金融业开放程度较低时，银业行集中度的降低可以促进竞争；当金融自由化水平超过临界值时，通过降低银行业集中度来促进竞争这一渠道基本不存在或者已经很弱。并提出相对集中的银行业产业组织体系将更有利于促进竞争，不应盲目新建过多中小银行，重点在于将现有中小银

行做大、做强。这个结论恰好迎合了我们第六章的第三个结论，即经济发展水平越高的地区，银行业市场结构越分散，随着市场结构的分散，对小微企业融资可得性提高的影响越小。也就是说，市场结构的分散化不能一直持续下去，应该有个拐点，到了一定水平就会起到负作用。这个结论对于我国当前大力发展民营银行、村镇银行等中小金融机构的政策可能是个提醒。应该着重改善银行业集中度非常大的省份和地区，而不是一味地追逐基础条件已经很好的省份和地区，亦即应使各地区的市场竞争均衡化：市场集中度高的地区，加强中小金融机构的建设和布局，市场集中度低的地区，致力于把现有的中小银行做大做强。这样即有利于银行业宏观上的布局把握，也有利于促进地区经济之间的均衡发展。

二、不断提高中小银行专业化水平

在金融体制改革不断深化、金融管制逐步放松特别是利率市场化改革不断推进的条件下，为了避免未来可能出现的机构大战、客户大战，银行业应该通过增强产品差异化，引领中小银行走专业化道路。这也是来自美国的建立立体化银行业结构的启示。

国有银行与股份制银行等新兴银行相比，纵向差异上前者在分支网络的密度、银行信誉等方面具有优势，后者在服务意识、服务效率、服务质量等方面一般高于前者；横向差异上两者相比新兴商业银行较为注重目标客户、产品创新和品牌定位。相对于发达国家而言，中国银行业产品质量明显偏低，横向差异化程度不足，主要表现在，服务效率、人员素质、技术装备的先进性仍处于低水平状态，产品品种单一、创新激励不足、品牌定位不明以及细分市场和目标客户高度趋同。这就要求商业银行根据客户金融需求的变化不断进行金融创新。

中小银行走专业化道路是我国中小银行在未来的竞争中立于不败之地的现实选择。并且，从长远角度来看，专业化中小银行的发展有利于我国立体化银行业结构的建立，有利于进一步促进银行业结构的多样化和分散化，从而增强金融创新水平，防范融资体系的系统性风险。

目前为止，我国专业银行发展最快最典型的就是科技银行，2012 年 8 月浦发硅谷银行成立，国内第一家专注于服务科技创新产业的银行。但实际上我国科技银行的前身是科技支行，从 2009 年至 2013 年 6 月，已有百余家科技支行成立。虽然这些银行在管理和服务方面受到很多限制，甚至在运营过程中存在很多问题，但是这足以说明我国专业银行的发展已经迈出了坚定的步伐。未来，在各类专业人才和扶持政策的推动下，我国中小银行专业化的道路必定会朝着正确的方向越走越远。

三、促进商业银行股权结构多元化和分散化

根据第七章的研究结论可知，商业银行股权结构多元化是提高小微企业融资可得性的根本动力源泉。在对各商业银行历年年报的分析整理中，我们也发现，我国商业银行股权结构多元化的特征逐渐明显，前十大股东类型越来越丰富，除了国有股、国有法人股之外，社会法人股、外资股，甚至还有个人，各类型投资者逐渐增多。可见，我国银行业的股权结构正处于多元化和分散化的过程中。随着这些投资者资金实力的不断增强，他们在银行股权结构中所占份额会随之增加并在银行经营中发挥日益重要的作用。

2014 年，银监会提出完善现代银行业治理体系，推进银行业自身治理能力现代化，重点是完善公司治理、业务治理、风险治理和行业治理四大体系建设。公司治理体系的改革是四大体系建设中的重要部分。商业银行经营的三个原则是安全性、流动性、盈利性，但是以前的治理模式和绩效考评办法会引导商业银行过分追求规模高增速、业绩高指标、利润高增长的盲目扩张惯性思维，致使银行业金融机构不能很好地树立正确的发展观。特别是在经济发展新常态的背景下，以及互联网金融潮流的冲击下，商业银行的现代化治理将越来越重视各方利益相关者，越来越重视对实体经济的支持。股权结构多元化和分散化是现代化公司治理的重要方面。特别是随着民营资本在股权结构中的比重上升以及境外资本的参股，进一步优化了银行业的股权结构。

提到民营资本，就不得不提到民生银行。作为第一家由民营资本发起的商业银行，民生银行近年来发展非常迅速，堪称民营资本在银行业取得重大成就的典范。民营资本的进入促进了商业银行公司治理有效性的提升。目前为止，外资股投资参股中国银行体系已经基本覆盖了国有控股银行、全国性股份制商业银行以及城市商业银行，在样本中，三大类商业银行中外资股持股比例最高的分别为交通银行 38.29%、民生银行 20.24%、西安银行 19%。总体来看，境外资本的参股丰富了银行股权结构，提升了中国商业银行的公司治理和风险控制水平。另外，外资银行具有较强的服务创新能力，通过与外资银行的合作，能促进我国银行业金融产品和服务的创新。股权结构的多元化和分散化是提高我国银行现代化公司治理水平的重要手段。

四、保持大型商业银行的市场地位

从第三章国际经验来看，各国虽然小银行数量众多，但是分散只是形式，小

银行无法和大银行匹敌，也就是说，大银行在银行业中处于绝对优势地位。虽然目前我国大力发展中小金融机构，但是并不意味着我们要动摇大银行的地位。在第四章里，我们回顾银行业金融机构总资产规模的变化时，发现大型商业银行占总资产的比重截至2014年年末仅为41%，而美国总资产1000亿美元以上的银行占比为近60%，日本的同类规模的银行总资产占比为67.2%。而且大银行在国民经济整体运行中承担着国家宏观调控的重要职能，是政府实现经济政策目标的措施和工具。所以，要坚定的保持大型商业银行在市场中的重要地位。

在大型银行为小微企业提供贷款方面，近几年各银行表现都不错，小微企业贷款的平均占比达20%左右，甚至有学者认为在给小微企业发放贷款方面已经出现了与“小银行优势论”相悖的实践异象。但是我们认为能够发挥大银行的各种优势为小微企业贷款固然重要，但是小微企业绝不是大银行的主要和重要的客户群体。大银行只需要转变经营理念，不仅积极对大企业和大项目提供金融支持服务，同时也把中小企业作为自己业务新的增长点，充分利用其风险管理、信贷技术等优势，更好地为小微企业提供金融支持服务，从而促进经济增长、促进社会公平。

提高小微企业融资可得性是一个系统工程，除了银行业结构的调整之外，还需要其他各方的共同努力，尤其是政府税收政策和金融监管政策的配合。

五、给小微企业和放贷银行减少税收

2016年2月25日，西南财经大学中国家庭金融调查与研究中心发布了《小微企业税收政策研究报告》，指出，伴随着经营环境的日渐恶劣、市场竞争的日益加剧，亏损小微企业比重由2013年的6.2%飙升到2015年第二季度的26.2%。盈利的小微企业占比也从78.2%下降至49.0%。面对错综复杂的环境，以营业税和增值税为首的沉重税收对小微企业来说无疑是雪上加霜。

个体工商户的纳税额中62%来源于营业税和增值税；法人小微企业中这一占比为65%。报告也显示，在国家税务局公布的总纳税额中，个体工商户的纳税占比从2012年的4.4%上涨到2013年的5.7%，法人小微企业的占比更高达19.8%。且进一步观察其纳税额与营业额、利润等的占比情况，可以发现小微企业的纳税负担要高于上市公司①。可见，小微企业的税负非常重。

给小微企业减税是一方面；为了鼓励商业银行给小微企业发放贷款，优惠商业银行的税收政策也是一方面。我国商业银行需要缴纳的税种多达10多种，总

① 殷鹏．提高税收起征点至10万元推动经济增长．中国证券报，2016－2－29.

体的纳税水平相对高于其他国家的税负水平。在鼓励商业银行面向小微企业贷款的过程中，可以考虑对小微企业贷款占比达到一定比例的商业银行给予税收优惠，充分调动商业银行自主自愿的为小微企业提供贷款的积极性。

六、对中小银行实行差异化监管

在前面的政策中，我们提到不同规模银行应在充分认识自身发展特质的基础上，发挥自身比较优势、吸引和建立特定目标客户群体，以实现自身的差异化发展。但这差异化发展过程离不开监管机构根据，不同银行发展状况和特征采用差异化的监管政策的支持。

宏观调控下的中国银行业面临的挑战：一是对银行企业的挑战，二是对监管当局的挑战（唐双宁，2009）。换言之，整个银行体系的健康发展，一方面需要依靠银行自身“练内功”，另一方面监管当局恰当的监管导向作用必不可少。巴斯和林等（2011）在“转型国家的中小企业融资”一文中提出，一国的银行业监管政策对中小企业的贷款可得性以及贷款的结构都有重要的影响，监管政策的不完善直接导致中小企业信贷的融资障碍以及高额的融资成本。彭继增和吴玮（2014）从资本监管制度对我国信贷资产配置行为的影响，发现资本监管制度对商业银行的贷款结构具有显著的政策引导作用，商业银行会依据自身资本水平及面临的监管压力不断调整贷款结构。所以在我国金融机构类型越来越多，中小金融机构发展越来越快的趋势下，积极推动大中小银行走出符合自身发展规律和优势的差异化路线，有赖于监管政策的多样灵活。由于小微企业信贷业务与大中企业信贷业务无论是在业务流程，还是风险考量上都存在巨大差异，所以监管要求也要随之发生改变。因此，落实差异化监管政策对于促进小微企业金融服务发展至关重要。

参考文献

1. 中文文献

[1] Franklin Allen，Douglas Gale 著．王晋斌，朱春燕等译．比较金融系统[M]．北京：中国人民大学出版社，2003.

[2] 巴曙松．将小微金融发展作为下一步金融改革的重点[J]．西南金融，2012（6）：4－6.

[3] 白钦先，薛誉华．各国中小企业政策性金融体系比较研究[M]．北京：中国金融出版社，2001.

[4] 鲍静海．我国中小企业金融制度创新研究[M]．北京：人民出版社，2008.

[5] 贝多广．好金融与好社会：问题的提出和答案[J]．金融研究，2015（7）：24－36.

[6] 贝多广．全新认识小微金融[J]．中国金融，2014（3）：40－41.

[7] 陈耿，刘星，辛清泉．信贷歧视、金融发展与民营企业银行借款期限结构．会计研究，2015（4）：40－46，95.

[8] 陈建明．中小企业融资结构理论与经验研究述评[J]．经济学动态，2009（3）：79－82.

[9] 陈乃醒．中国中小企业发展报告（2008～2009）[M]．北京：中国经济出版社，2009.

[10] 陈天阁．中小企业融资结构及其融资制度安排研究[M]．吉林：吉林大学出版社，2010.

[11] 陈雨露，马勇．社会信用文化、金融体系结构与金融业组织形式[J]．经济研究，2008（3）：29－38.

[12] 陈忠阳，郭三野，刘吕科．我国银行小企业信贷模式与风险管理研究——基于银行问卷调研的分析[J]．金融研究，2009（5）：169－185.

[13] 陈忠阳，刘吕科．企业信贷约束衡量研究评价［J］．经济学动态，2009（5）：124－127.

[14] 成力为，严丹，戴小勇．金融结构对企业融资约束影响的实证研究——基于20个国家制造业上市公司面板数据．金融经济学研究，2013（1）：108－119.

[15] 程超，林丽琼．银行规模、贷款技术与小微企业融资——对“小银行优势”理论的再检验［J］．经济科学，2015（4）：54－66.

[16] 邓超等．基于关系型贷款的大银行对小企业的贷款定价研究［J］．经济研究，2010（2）：83－96.

[17] 邓瑛，基于金融功能观的欧洲中小企业信贷融资服务比较研究．中国证券期货，2013（5）：236－237.

[18] 董彦岭．中小企业贷款：不同规模银行优势比较［J］．金融研究，2007（6）：41－47.

[19] 董裕平．小企业融资担保服务的商业发展模式研究——基于粤浙两省数据的情景模拟试验分析［J］．金融研究，2009（5）：157－168.

[20] 傅利福，韦倩，魏建．银行业的集中与竞争：一个分析框架和实证检验［J］．经济学家，2015（4）：64－73.

[21] 高正平，李仪简．我国商业银行股权结构对银行绩效影响的实证分析——基于国家持股与银行绩效非线性关系的视角［J］．中央财经大学学报，2010（4）：18－23.

[22] 顾瑞瀊，张磊．中国融资成本文献综述［J］．金融研究，2009（12）：201－206.

[23] 郭斌，刘曼路．民间金融与中小企业发展：对温州的实证分析［J］．经济研究，2002（10）：40－46.

[24] 何德旭，张雪兰．营销学视角中的金融服务创新：文献评述［J］．经济研究，2009（3）：138－154.

[25] 何德旭．政策环境、金融结构与信贷技术——化解中小企业贷款难题的系统解决方案．财贸经济，2008（9）：5－15，128.

[26] 贺力平．克服中小企业与金融机构之间的不对称信息障碍［J］．改革，1999（2）：14－16.

[27] 黄宪，吴克保．我国商业银行对资本约束的敏感性研究——基于对中小企业信贷行为的实证分析［J］．金融研究，2009（11）：103－118.

[28] 黄小莎．公司银行业务：美国中小企业贷款管理［M］．北京：经济科学出版社，2010.

[29] 贾楠. 互联网金融与小微企业金融关系研究——基于金融共生理论视角. 技术经济与管理研究, 2015 (10): 54 - 58.

[30] 姜海军, 惠晓峰. 基于信息不对称的信贷配给均衡模型研究 [J]. 金融研究, 2008 (9): 134 - 142.

[31] 焦瑾璞. 中国银行业的市场竞争格局及其制度分析 [J]. 宏观经济研究, 2001 (6): 41 - 46.

[32] 孔德兰. 中小企业融资结构与融资策略研究 [M]. 北京: 中国财政经济出版社, 2009.

[33] 孔曙东. 国外中小企业融资经验及启示 [M]. 北京: 中国金融出版社, 2007.

[34] 雷震, 罗翔. 日本银行业发展对我国银行业市场化改革的启示 [J]. 前沿, 2014 (ZB): 125 - 126.

[35] 雷震, 彭欢. 银行业市场结构与中小企业的生成——自中国 1995 ~ 2006 年的证据 [J]. 世界经济, 2010 (3): 109 - 125.

[36] 李广子, 刘力. 债务融资成本与民营信贷歧视 [J]. 金融研究, 2009 (12): 137 - 150.

[37] 李健, 优化我国金融结构的理论思考. 中央财经大学学报, 2003 (9): 1 - 8.

[38] 李江. 中小企业关系型融资研究新进展 [J]. 经济学动态, 2009 (8): 103 - 106.

[39] 李明, 郝冰. 金融生态、企业内部控制与银行信贷资金配置 [J]. 投资研究, 2014 (5): 68 - 81.

[40] 李新平. 中小企业融资制度变迁与创新研究 [M]. 北京: 中国水利水电出版社, 2009.

[41] 李扬, 杨思群. 中小企业融资与银行 [M]. 上海: 上海财经大学出版社, 2001.

[42] 李志赟. 银行结构与中小企业融资 [J]. 经济研究, 2002 (6): 38 - 45.

[43] 李子彬. 中国中小企业 2010 蓝皮书: 发展、融资、服务与政策 [M]. 北京: 中国发展出版社, 2010.

[44] 梁峰. 试论制约我国中小企业发展的融资瓶颈 [J]. 南开经济研究, 2002 (2): 43 - 47.

[45] 梁立俊. 银行的规模优势和市场分割性 [J], 财经科学, 2003 (4): 17 - 20.

[46] 梁冰. 我国中小企业发展及融资状况调查报告 [J]. 金融研究, 2005 (5): 120-138.

[47] 梁华权. 货币政策影响了中小企业信贷融资可获性吗 [J]. 市场论坛, 2013 (10): 57-59, 65.

[48] 梁洪波, 刘远亮. 商业银行股权结构与信用风险——基于中国上市银行的实证分析 [J]. 首都经济贸易大学学报, 2012 (6): 45-50.

[49] 林汉川, 魏中奇. 中小企业发展的国别比较 [M]. 北京: 中国财政经济出版社, 2001.

[50] 林毅夫, 孙希芳, 姜烨. 经济发展中最优金融结构理论初探 [J]. 经济研究, 2009 (8): 4-17.

[51] 林毅夫, 孙希芳. 银行业结构与经济增长 [J]. 经济研究, 2008 (9): 31-45.

[52] 林毅夫, 李永军. 中小金融机构发展与中小企业融资 [J]. 经济研究, 2001 (1): 10-18.

[53] 凌智勇. 中小企业融资与中小民营银行 [M]. 长沙: 湖南人民出版社, 2008.

[54] 刘曼红. 中国中小企业融资问题研究 [M]. 北京: 中国人民大学出版社, 2003.

[55] 刘杉. 中小企业融资研究理论综述 [J]. 南开经济研究, 2005 (1): 108-112.

[56] 刘新华, 线文. 我国中小企业融资理论述评 [J]. 经济学家, 2005 (2): 105-111.

[57] 刘迎秋, 赵少钦. 大力发展民营经济的融资支持分析 [J]. 财贸经济, 2004 (10): 28-32.

[58] 刘振海, 杨金柱. 基于企业规模的信贷决策支持——运用外部信用评级的一个试验 [J]. 金融研究, 2008 (8): 177-185.

[59] 刘伟, 黄桂田. 中国银行业改革的侧重点: 产权结构还是市场结构 [J]. 经济研究, 2002 (8): 3-11, 92.

[60] 卢亚娟, 褚保金. 农村中小企业融资影响因素分析 [J]. 经济学动态, 2009 (8): 42-45, 71.

[61] 卢亚娟. 农村中小企业贷款可获性的实证分析 [J]. 经济学动态, 2010 (3): 44-47.

[62] 鲁丹, 肖华荣. 银行市场竞争结构、信息生产和中小企业融资 [J]. 金融研究, 2008 (5): 107-113.

[63] 陆岷峰. 中国小企业金融问题研究 [M]. 北京: 中国经济出版社, 2010.

[64] 罗丹阳. 中小企业民间融资 [M]. 北京: 中国金融出版社, 2009.

[65] 罗党论, 甄丽明. 民营控制、政治关系与企业融资约束——基于中国民营上市公司的经验证据 [J]. 金融研究, 2008 (12): 164 - 178.

[66] 罗金生. 利益集团与制度变迁: 渐进转轨中的中小商业银行 [M]. 北京: 中国金融出版社, 2003.

[67] 罗正英, 周中胜, 詹乾隆. 中小企业的银行信贷融资可获性: 企业家异质特征与金融市场化程度的影响 [J]. 会计研究, 2010 (6): 44 - 50.

[68] 罗正英, 周中胜. 国外中小企业信贷融资研究的进展与启示 [J]. 国外社会科学, 2010 (1): 102 - 107.

[69] 罗正英. 中小企业融资问题研究 [M]. 北京: 经济科学出版社, 2004.

[70] 罗荷花, 李明贤. 小微企业融资需求及其融资可获得性的影响因素分析 [J]. 经济与管理研究, 2016 (2): 52 - 60.

[71] 马九杰, 董琦. 中小企业信贷约束的成因与衡量: 理论背景及分析框架 [J]. 中国软科学, 2004 (3): 59 - 68.

[72] 牛丽娟. 资本充足率、股权结构与商业银行风险承担的实证检验 [J]. 统计与决策, 2015 (22): 155 - 157.

[73] 牛丽贤, 张寿庭. 产业组织理论研究综述 [J]. 技术经济与管理研究, 2010 (6): 136 - 139.

[74] 牛润盛. 社会融资结构变迁对实体经济和产业结构的动态影响 [J]. 海南金融, 2013 (5): 19 - 22.

[75] 牛晓帆, 西方产业组织理论的演化与新发展. 经济研究, 2004 (3): 116 - 123.

[76] 欧阳峣. 中国支持中小企业发展的政策和服务体系研究 [M]. 北京: 中国社会科学出版社, 2009.

[77] 潘敏, 张依茹. 股权结构会影响商业银行信贷行为的周期性特征吗——来自中国银行业的经验证据 [J]. 金融研究, 2013 (4): 29 - 42.

[78] 潘敏, 张依茹. 宏观经济波动下银行风险承担水平研究——基于股权结构异质性的视角 [J]. 财贸经济, 2012 (10): 57 - 65.

[79] 彭建刚, 向实. 基于关系型信贷的中小金融机构与中小企业选择一致的理论诠释 [J]. 金融研究, 2007 (6): 9 - 17.

[80] 彭江波. 以互助联保为基础构建中小企业信用担保体系 [J]. 金融研究, 2008 (2): 75 - 82.

[81] 彭继增，吴玮．资本监管与银行贷款结构——基于我国商业银行的经验研究 [J]．金融研究，2014 (3)：123 - 137.

[82] 彭十一．经济转型期我国中小企业融资问题研究 [M]．北京：中国农业出版社，2008.

[83] 平新乔，杨慕云．信贷市场信息不对称的实证研究——来自中国国有商业银行的证据 [J]．金融研究，2009 (2)：1 - 18.

[84] 钱燕，万解秋．银行产权、货币政策调整与银行信贷行为——基于我国商业银行面板数据的分析 [J]．南方金融，2013 (6)：14 - 19.

[85] [日] 青木昌彦．日本主银行体制 [M]．北京：中国金融出版社，1998.

[86] 全丽萍．非对称信息下中小企业融资问题研究——兼论我国中小金融机构的发展 [J]．管理世界，2002 (6)：144 - 145.

[87] 冉光和，吴金乐．银行业集中度与产业增长关系的实证研究 [J]．金融与经济，2015 (1)：58 - 61.

[88] 任建军．信贷配给理论发展、模型与实证研究．金融论坛，2009 (4)：21 - 28.

[89] 饶华春．中国金融发展与企业融资约束的缓解——基于系统广义矩估计的动态面板数据分析 [J]．金融研究，2009 (9)：156 - 164.

[90] 阮铮．美国中小企业金融支持研究 [M]．北京：中国金融出版社，2008.

[91] 沈坤荣，张成．中国企业的外源融资与企业成长——以上市公司为案例的研究 [J]．管理世界，2003 (7)：120 - 126.

[92] [美] 施蒂格勒．产业组织和政府管制 [M]．上海：上海人民出版社，上海三联书店，1996.

[93] 史建平等．中国中小企业金融服务发展报告 (2013) [M]．北京：中国金融出版社，2014.

[94] 史建平等．中国中小企业金融服务发展报告 (2014) [M]．北京：中国金融出版社，2015.

[95] 史建平等．中国中小企业金融服务发展报告 (2011) [M]．北京：中国金融出版社，2012.

[96] 史建平等．中国中小企业金融服务发展报告 (2012) [M]．北京：中国金融出版社，2013.

[97] 史晋川．中小金融机构与中小企业发展研究——以浙江温州、台州地区为例 [M]．杭州：浙江大学出版社，2003.

[98] 苏杭．日本中小企业发展与中小企业政策 [M]．北京：中国社会科学

出版社，2008.

[99] 孙天琦．金融组织结构研究：寡头主导、大、中、小共生［M］．北京：中国社会科学出版社，2002.

[100] 锁箭．中小企业发展的国际比较［M］．北京：中国社会科学出版社，2001.

[101] 粟勤，肖晶．中国银行业市场结构对金融包容的影响研究——基于区域经济发展差异化的视角［J］．财经研究，2015（6）：32－45.

[102] 谭之博，赵岳．企业规模与融资来源的实证研究——基于小企业银行融资抑制的视角［J］．金融研究，2012（3）：166－179.

[103] 谭之博，赵岳．银行集中度、企业规模与信贷紧缩［J］．金融研究，2013（10）：28－41.

[104] 唐建新，陈冬．银行业市场结构变化与中小企业融资环境分析［J］．财会通讯（学术版），2006（2）：36－42.

[105] 唐清泉，巫岑．银行业结构与企业创新活动的融资约束［J］．金融研究，2015（7）：116－134.

[106] 童士清．中国信贷制度变迁及其逻辑：一个视角［J］．经济体制改革，2008（1）：10－16.

[107] 王朝弟．中小企业融资问题与金融支持的几点思考［J］．金融研究，2003（1）：90－97.

[108] 王健聪．银行规模结构与中小企业融资影响研究［J］．经济体制改革，2012（3）：135－138.

[109] 王国红．论中国银行业的市场结构［J］．经济评论（2）：96－103.

[110] 王晋斌．金融控制政策下的金融发展与经济增长［J］．经济研究，2007（10）：95－104.

[111] 王霄，张捷．银行信贷配给与中小企业贷款——一个内生化抵押品和企业规模的理论模型［J］．经济研究，2003（7）：68－75.

[112] 王馨，耿欣．“超常态”信贷配给、商业银行市场行为及其绩效［J］．金融研究，2009（4）：196－206.

[113] 王颖捷．金融产业组织的市场结构［M］．北京：机械工业出版社，2004.

[114] 汪来喜．基于产权和市场结构的商业银行竞争力述评研究［J］．黑龙江对外经贸，2009（8）：126－128.

[115] 文远华．中国经济转型时期信贷配给问题研究［M］．上海：上海三联出版社，2005.

[116] 谢世清，李四光．民营控制、政治关系与企业融资约束——基于中国民营上市公司的经验证据［J］．金融研究，2008（12）：164－178.

[117] 熊熊，张维等．银行治理、信贷配给与中小企业融资［J］．财经理论与实践（1）：24－28.

[118] 熊泽森．中小企业信贷融资制度创新研究［M］．北京：中国金融出版社，2010.

[119] 徐崇正，官秀黎．论中国民营企业融资和金融支持［J］．金融研究，2004（9）：86－91.

[120] 徐洪水．金融缺口和交易成本最小化：中小企业融资难题的成因研究与政策路径［J］．金融研究，2001（11）：47－53.

[121] 徐忠等．市场结构与我国银行业绩效：假说与检验［J］．经济研究，2009（10）：75－86.

[122] 许崇正，官秀黎，论中国民营企业融资和金融支持［J］．金融研究，2004（9）：86－91.

[123] 徐明棋．全面理解资本市场发展的规律［J］．探索与争鸣，2015（9）：28－29.

[124] 姚耀军，董钢锋．中小企业融资约束缓解：金融发展水平重要抑或金融结构重要？——来自中小企业板上市公司的经验证据［J］．金融研究，2015（4）：148－161.

[125] 姚耀军，董钢锋．中小微银行发展与中小微企业融资约束——新结构经济学最优金融结构理论视角下的经验研究［J］．财经研究，2014（1）：105－115.

[126] 杨娟．中小企业融资结构：理论与中国经验［M］．北京：中国经济出版社，2008.

[127] 杨晓光，卢授永，民营资本进入银行业——结构改造还是产权改造［J］．金融研究，2003（9）：99－106.

[128] 易纲．中国改革开放三十年的利率市场化进程［J］．金融研究，2009（1）：1－14.

[129] 殷剑峰．不对称信息环境下的金融结构与经济增长［J］．世界经济，2004（2）：35－46.

[130] 尹力，刘阳．银行集中度与银行系统性风险——基于动态面板数据模型的实证分析［J］．金融与经济，2015（6）：56－61.

[131] 尹志超，钱龙，吴雨．银企关系、银行业竞争与中小企业借贷成本［J］．金融研究，2015（1）：134－149.

［132］叶欣，郭建伟等．垄断到竞争：中国商业银行业市场结构的变迁［J］．金融研究，2001（11）：79－85.

［133］应展宇．中国中小企业融资现状与政策分析［J］．财贸研究，2004（10）：33－38.

［134］张朝洋．中小银行发展缓解了中小企业融资约束吗？——来自中国中小企业板的经验证据［J］．浙江金融，2015（11）：63－69.

［135］赵尚梅，杜华东等．城市商业银行股权结构与绩效关系及作用机制研究［J］．财贸经济，2012（7）：39－48.

［136］赵贞，张建平．股权结构异质性与治理效率：前沿理论与实证研究评述［J］．科学决策，2014（3）：84－94.

［137］张芳，李龙．中国银行业市场结构衡量指标及分析［J］．宏观经济研究，2012（10）：77－83.

［138］张立军．英国对中小企业融资支持及其借鉴［J］．世界经济情况，2006（7）：5－8.

［139］张杰．经济变迁中的金融中介与国有银行［M］．北京：中国人民大学出版社，2003.

［140］张杰．民营经济的金融困境与融资次序［J］．经济研究，2000（4）：3－10.

［141］张杰．中国金融制度的结构与变迁［M］．北京：中国人民大学出版社，2011.

［142］张捷，王霄．中小企业金融成长周期与融资结构变化［J］．世界经济，2002（9）：63－70.

［143］张捷．结构转换期的中小企业金融研究——理论、实证与国际比较［M］．北京：经济科学出版社，2003.

［144］张捷．中小企业的关系型借贷与银行组织结构［J］．经济研究，2002（6）：32－37.

［145］张雪慧．中小企业金融支持的国际借鉴［J］．财会通讯，2009（29）：45－46.

［146］中国人民银行研究局．中国中小企业金融制度报告［M］．北京：中信出版社，2005.

［147］周小全．竞争、产权与绩效：中国银行业产业组织问题研究［M］．北京：经济科学出版社，2004.

［148］周艳明，史建平，张永正．小企业金融服务可得性视角下的银行业金融机构结构问题研究——来自世界银行的数据［J］．投资研究，2015（7）：82－

93.

［149］周耀东．现代产业组织理论的沿革和发展．经济评论，2002（4）：112－116.

［150］周月书，韩乔．产权改革对农村商业银行信贷行为的影响——基于江苏省48家农村商业银行的实证分析［J］．江苏农业科学，2015（5）：428－431.

［151］周宗安，张秀锋．中小企业融资困境的经济学描述与对策选择［J］．金融研究，2006（1）：152－158.

［152］朱彤，曹珂．外部融资依赖，金融发展与出口商品结构——基于中国制造业部门的行业分析［J］．上海金融，2009（12）：17－21.

［153］祝继高，陆正飞，张然，叶康涛．银行借款信息的有用性与股票投资回报——来自A股上市公司的经验证据［J］．金融研究，2009（1）：122－135.

2. 英文文献

［1］Abor, J. (2007). Industry Classification and the Capital Structure of Ghanaian SMEs. *Studies in Economics and Finance*, 24 (3), 207－219.

［2］Abor, J. (2008). Determinants of the capital structure of Ghanaian firms (No. RP_176). *African Economic Research Consortium.*

［3］Akhavein, J., Frame, W. S. and White, L. J. (2005). The Diffusion of Financial Innovations: An Examination of the Adoption of Small Business Credit Scoring by Large Banking Organizations*. *The Journal of Business*, 78 (2), 577－596.

［4］Aslı Demirgüç－Kunt, Vojislav Maksimovic (2002). Funding growth in bank-based and market-based financial systems: evidence from firm-level data, *Journal of Financial Economics*, 65 (3), 337－363.

［5］Baas T, Schrooten M. (2006). Relationship banking and SMEs: A theoretical analysis ［J］. Small Business Economics, 27 (2－3): 127－137.

［6］Badulescu, A. (2011). Start－Up Financing Sources: Does Gender Matter? Some Evidence for EU and Romania. Annals of the University of Oradea. Economic Science Series.

［7］Barry. Ownship structure and risk in publicly held and privately owned banks. Journal of banking and finance, 2011: 945－958.

［8］Barth, J. R. and D. Lin, et al. (2011). "Small and Medium Enterprise Financing in Transition Economies." Atlantic Economic Journal, 39 (1): 19－38.

［9］Baum, Christopher F. Schäfer, Dorothea Talavera, Oleksandr. (2011). "The impact of the financial system's structure on firms' financial constraints." Journal of International Money and Finance, 30 (4): 678 - 691.

[10] Beck T., Demirgüç - Kunt A., Maksimovic V. (2005). Financial and legal constraints to growth: does firm size matter? [J]. The Journal of Finance, 60 (1): 137 - 177.

[11] Beck, Thorsten, Demirg - Kunt, Asli, Maria Soledad, Martinez Peria (2007). Reaching out: access to and use of banking services across countries. Journal of Financial Economics, 85 (1): 234 - 266.

[12] Beck, Thorsten, Demirg - Kunt, Asli, Maksimovic, Vojislav (2008). Financing patterns around the world: are small firms different? Journal of Financial Economics, 89 (3): 467 - 487.

[13] Beck T., Demirguc - Kunt A., Levine R. (2005). SMEs, growth, and poverty: cross-country evidence [J]. Journal of Economic Growth, 10 (3): 199 - 229.

[14] Beck T., Demirgüç - Kunt A., Laeven L. et al. (2006). The determinants of financing obstacles [J]. Journal of International Money and Finance, 25 (6): 932 - 952.

[15] Beck, T. and A. Demirgüç - Kunt, et al. (2011). "Bank Financing for SMEs: Evidence Across Countries and Bank Ownership Types." Journal of Financial Services Research, 39 (1 - 2): 35 - 54.

[16] Beck, Thorsten, Asli Demirgüç - Kunt, and Dorothe Singer (2013). "Is small beautiful? Financial structure, size and access to finance." World Development (52): 19 - 33.

[17] Behr, P., et al. (2011). "How do lending relationships affect access to credit and loan conditions in microlending?" Journal of Banking & Finance, 35 (8): 2169 - 2178.

[18] Behr, P., et al. (2013). "Financial constraints of private firms and bank lending behavior." Journal of Banking & Finance, 37 (9): 3472 - 3485.

[19] Berger, A. N., Frame, W. S. and Miller, N. (2002). Credit scoring and the availability, price, and risk of small business credit.

[20] Berger, A. N. and G. F. Udell (2002). "Small business credit availability and relationship lending: The importance of bank organisational structure." The Economic Journal, 112 (477): F32 - F53.

[21] Berger, A. N. and G. F. Udell (2006). "A more complete conceptual framework for SME finance." Journal of Banking & Finance, 30 (11): 2945 - 2966.

[22] Berger, A. N., Cowan, A. M. and Frame, W. S. (2011). The surprising use of credit scoring in small business lending by community banks and the attendant effects on credit availability, risk, and profitability. *Journal of Financial Services Research*, 39 (1-2): 1-17.

[23] Berger, A. N. et al. (2007). "Does market size structure affect competition? The case of small business lending." Journal of Banking & Finance 31 (1): 11-33.

[24] Berger A. N., Kashyap A. K., Scalise J. M. et al. The transformation of the US banking industry: What a long, strange trip it's been [J]. Brookings papers on economic activity, 1995: 55-218.

[25] Berger, A. N. and Udell, G. F. (1995). Relationship lending and lines of credit in small firm finance. *Journal of Business*, 68 (3): 351.

[26] Berger, A. N. and Udell, G. (1998). The economics of small business finance: The roles of private equity and debt markets in the financial growth cycle. *Journal of Banking & Finance*, 22 (6): 613-673.

[27] Berger, A. N. and Udell, G. F. (1998). The Economics of Small Business Finance: The Roles of Private Equity and Debt Markets in the Financial Growth Cycle. *Journal of Banking and Finance*, 22: 613-673.

[28] Berger, A. N., Klapper, L. F. and Udell, G. F. (2001). The ability of banks to lend to informationally opaque small businesses. *Journal of Banking & Finance*, 25 (12): 2127-2167.

[29] Berger, A. N., Saunders, A., Scalise, J. M. and Udell, G. F. (1998). The effects of bank mergers and acquisitions on small business lending. *Journal of financial Economics*, 50 (2): 187-229.

[30] Bellucci, A. et al. (2010). "Does gender matter in bank-firm relationships? Evidence from small business lending." Journal of Banking & Finance, 34 (12): 2968-2984.

[31] Berggren, B., Olofsson, C. and Silver, L. (2000). Control Aversion and the Search for External Financing in Swedish SMEs. *Small Business Economics*, 15 (3): 233-242.

[32] Bradley, M., Jarrell, G. A. and Kim, E. H. (1984). On the Existence of an Optimal Capital Structure: Theory and Evidence. *The Journal of Finance*, 39 (3): 857-878.

[33] Briozzo, A. and Vigier, H. (2009). A Demand-Side Approach to SMEs'

Capital Structure: Evidence from Argentina. Journal of Business and Entrepreneurship, 21 (1): 30.

[34] Carbo – Valverde, Santiago, Rodriguez – Fernandez, Francisco, Udell, Gregory F. (2009). Bank market power and SME financing constraints. Review of Finance, 13 (2): 309 – 340.

[35] Carter, S. and Rosa, P. (1998). The Financing of Male and Female Owned Businesses. Entrepreneurship and Regional Development, 10 (3): 225 – 242.

[36] Cassar, G. (2004). The Financing of Business Start – Ups. *Journal of Business* Venturing, 19 (2): 261 – 283.

[37] Chong, T. T. and L. Lu, et al. (2013). "Does banking competition alleviate or worsen credit constraints faced by small-and medium-sized enterprises? Evidence from China." Journal of Banking & Finance, 37 (9): 3412 – 3424.

[38] Coco, G. (2000). On the Use of Collateral. Journal of Economic Surveys, 14 (2): 191 – 214.

[39] Cole, R. A. (1998). The Importance of Relationships to the Availability of Credit. Journal of *Banking and Finance*, 22 (6): 959 – 977.

[40] Coleman, S. (2007). The Role of Human and Financial Capital in the Profitability and Growth of Women – Owned Small Firms. *Journal of Small Business Management*, 45 (3): 303 – 319.

[41] Craig, S. G. and Hardee, P. (2007). The impact of bank consolidation on small business credit availability. *Journal of Banking & Finance*, 31 (4): 1237 – 1263.

[42] Cull, R. et al. (2006). "Historical financing of small-and medium-size enterprises." Journal of Banking & Finance, 30 (11): 3017 – 3042.

[43] De la Torre A., Martínez Pería M. S., Schmukler S. L. (2010). Bank involvement with SMEs: beyond relationship lending [J]. Journal of Banking & Finance, 34 (9): 2280 – 2293.

[44] DeYoung, R., Glennon, D. and Nigro, P. (2008). Borrower-lender distance, credit scoring, and loan performance: Evidence from informational-opaque small business borrowers. *Journal of Financial Intermediation*, 17 (1): 113 – 143.

[45] Drakos K., Giannakopoulos N. (2011). On the determinants of credit rationing: Firm-level evidence from transition countries [J]. Journal of International Money and Finance, 30 (8): 1773 – 1790.

[46] Elsas, R. and Krahnen, J. (1998). 'Is relationship lending special? Ev-

idence from credit – ® le data in Germany', Journal of Banking and Finance, Vol. 22, pp. 1283 – 1316.

[47] Elsas, R. (2005). Empirical determinants of relationship lending. *Journal of Financial Intermediation*, 14 (1): 32 – 57.

[48] Fatoki, O. and Asah, F. (2011). The Impact of Firm and Entrepreneurial Characteristics on Access to Debt Finance by SMEs in King Williams' Town, South Africa. *International Journal of Business and Management*, 6 (8): 170 – 179.

[49] Ferri, G. and Messori, M. (2000). 'Bank-firm relationships and allocative effeciency in northeastern and central Italy and in the south', Journal of Banking and Finance, Vol. 24, pp. 1067 – 1095.

[50] Foos. Macroeconomic fluntuation and the Impact of bank ownership. University of Mannheim working papers series, 2009: 31.

[51] Frame, W. Scott, Aruna Srinivasan and Lynn Woosley (2001). "The Effect of Credit Scoring on Small Business Lending." *Journal of Money, Credit, and Banking*, 33 (3): 813 – 825.

[52] Frame, W. S., M. Padhi, L. Woosley (2004). The effect of credit scoring on small business lending in low-and moderate-income areas. Financial Review, 39 (February): 35 – 54.

[53] Francis, B. et al. (2008). "Bank consolidation and new business formation." Journal of Banking & Finance, 32 (8): 1598 – 1612.

[54] Keeton, W. R. (1995). Multi-office bank lending to small businesses: Some new evidence. *Federal Reserve Bank of Kansas City Economic Review*, 80 (2): 45 – 57.

[55] Hancock, D. and J. A. Wilcox (1998). "The " credit crunch " and the availability of credit to small business." Journal of Banking & Finance, 22 (6 – 8): 983 – 1014.

[56] Harhoff, D. and Koèrting, T. (1998a). 'Lending relationships in Germany: empirical results from survey data', Journal of Banking and Finance, Vol. 22, pp. 1317 – 1354.

[57] Harrison, R. T. and Mason, C. M. (2007). Does Gender Matter? Women Business Angels and the Supply of Entrepreneurial Finance. *Entrepreneurship Theory and Practice*, 31 (3): 445 – 472.

[58] Haselmann, Rainer, Wachtel Paul (2010). Institutions and Bank Behavior: Legal Environment, Legal Perception, and the Composition of Bank Lending.

[59] Haselmann Rainer, Wachtel Paul (2010). Institutions and Bank Behavior: Legal Environment, Legal Perception, and the Composition of Bank Lending. Journal of Money Credit and Banking, 42 (5): 965 -984.

[60] Hernández - Cánovas, G. and P. Martínez - Solano (2008). "Relationship lending and SME financing in the continental European bank-based system." Small Business Economics, 34 (4): 465 -482.

[61] Irwin, D. and Scott, J. M. (2010). Barriers Faced by SMEs in Raising Bank Finance. *International Journal of Entrepreneurial Behaviour and Research*, 16 (3): 245 -259.

[62] Jayaratne, J. and Wolken, J. (1999). How important are small banks to small business lending?: New evidence from a survey of small firms. *Journal of Banking & Finance*, 23 (2): 427 -458.

[63] Joseph E. Stiglitz, Andrew Weiss. credit rationing in markets with imperfect information, the American Economic Review, Vol. 71, No. 3 (1981, Jun.), 393 - 410.

[64] Klapper, L., Sarria - Allende, V. and Sulla, V. (2002). *Small and Medium - Size Enterprise Financing in Eastern Europe.* World Bank Publications.

[65] La Porta, R., F. Lopez-de - Silanes, A. Shleifer & R. Vishny (2000). "Investor Protection and Corporate Governance", Journal of Financial Economics, Vol. 58, pp. 3 -27.

[66] Liu G., Mirzaei A. (2013). Industrial growth: Does bank competition, concentration and stability constraint matter? Evidence from developed and emerging economies [R] Brunel University Economics and Finance, Working Paper No13 -23.

[67] Machauer, A. and Weber, M. (2000). 'Number of bank relationships: an indicator of competition, borrower quality, or just size?' University of Mannheim Working Paper.

[68] MacKay, P. and Phillips, G. M. (2005). How Does Industry Affect Firm Financial Structure? *The Review of Financial Studies*, 18 (4): 1433 -1466.

[69] Mehnaz Safavian, Siddharth Sharma (2007). When do creditor rights work? Journal of Comparative Economics, Volume 35, Issue 3, September 2007, Pages 484 -508.

[70] Micco, A., U. Panizza and M. Yañez, Bank ownership and performance. Does politics matter? Journal of Banking & Finance, 2007, 31 (1): 219 - 241.

[71] Michaelas, N., Chittenden, F. and Poutziouris, P. (1999). Financial Policy and Capital Structure Choice in U. K. SMEs: Empirical Evidence from Company Panel Data. *Small Business Economics*, 12 (2): 113 –130.

[72] Moro, A. and M. Fink (2013). "Loan managers' trust and credit access for SMEs." Journal of Banking & Finance, 37 (3): 927 –936.

[73] Muravyev, A., Talavera, O. and Sch? fer, D. (2009). Entrepreneurs' gender and financial constraints: Evidence from international data. Journal of Comparative Economics, 37 (2): 270 –286.

[74] Nofsinger, J. R. and Wang, W. (2011). Determinants of Start – Up Firm External Financing Worldwide. *Journal of Banking and Finance*, 35 (9): 2282 – 2294.

[75] Odit, M. P. and Gobardhun, Y. D. (2011). The Determinants of Financial Leverage of SME's in Mauritius. *The International Business and Economics Research Journal*, 10 (3): 113.

[76] Okpara, J. O. and Wynn, P. (2007). Determinants of Small Business Growth Constraints in a Sub – Saharan African Economy. *Advanced Management Journal*, 72 (2): 24.

[77] Ongena, S. and Smith, D. (2000). 'The duration of banking relationships', Journal of FinancialEconomics, Vol. 29, pp. 449 –475.

[78] Ono, A. and Uesugi, I. (2009). Role of Collateral and Personal Guarantees in Relationship Lending: Evidence from Japan's SME Loan Market. *Journal of Money, Credit and Banking*, 41 (5): 935 –960.

[79] Peek, J. and Rosengren, E. S. (1998). Bank consolidation and small business lending: It's not just bank size that matters. *Journal of Banking & Finance*, 22 (6): 799 –819.

[80] Petersen, M. A. and Rajan, R. G. (1994). The benefits of lending relationships: Evidence from small business data. *The Journal of finance*, 49 (1): 3 –37.

[81] Petersen, M., Rajan, R., 1995. The effect of credit market competition on lending relationships. Quarterly Journal of Economics 110: 407 –443.

[82] Quartey, P. (2003). Financing Small and Medium Enterprises (SMEs) in Ghana. *Journal of African Business*, 4 (1): 37 –55.

[83] Reddy, M. (2007). Small Business in Small Economies: Constraints and Opportunities for Growth. *Social and economic studies*, 56 (1/2): 304 –321.

[84] Romano, C. A., Tanewski, G. A. and Smyrnios, K. X. (2001). Capital

Structure Decision Making: A Model for Family Business. Journal of Business Venturing, 16 (3): 285 -310.

[85] Ryan, R. M. and C. M. O. Toole et al. (2014). "Does bank market power affect SME financing constraints?" Journal of Banking & Finance 49: 495 -505.

[86] Saiyid S. Islam, Abon Mozumdar (2007), Financial market development and the importance of internal cash: Evidence from international data, Journal of banking and finance, 31 (3): 641 -658.

[87] Scott, J. and Dunkelberg, W. (1999). 'Bank consolidation and small business lending: a small firm perspective', pp. 238 -361.

[88] Shimizu, K. (2012). "Bankruptcies of small firms and lending relationship." Journal of Banking & Finance 36 (3): 857 -870.

[89] Strahan, P. E. and J. P. Weston (1998). "Small business lending and the changing structure of the banking industry." Journal of Banking & Finance 22 (6): 821 -845.

[90] Thorsten Beck, Asli Demirguc - Kunt B, Vojislav Maksimovic C. (2008). Financing patterns around the world: Are small firms different? Journal of Financial Economics 89467 -487.

[91] Uchida, H., Udell, G. F. and Yamori, N. (2006). SME financing and the choice of lending technology. *Research Institute of Economy, Trade and Industry (RIETI), Working Paper*, (06025).

[92] Usai, S. and M. Vannini (2005). "Banking structure and regional economic growth: lessons from Italy." Annals of Regional Science 39 (4): 691 -714.

[93] Van Auken, H. E. and Neeley, l. (1996). Evidence of Bootstrap Financing Among Small Start - Up Firms. Journal of Entrepreneurial and Small Business Finance, 5 (3): 235.

[94] Verheul, I. and Thurik, R. (2001). Start - Up Capital: Does Gender Matter? Small Business Economics, 16 (4): 329 -346.

[95] Vos, E., Yeh, A. J., Carter, S. and Tagg, S. (2007). The Happy Story of Small Business Financing. *Journal of Banking and Finance*, 31 (9): 2648 - 2672.

[96] Weston, J. and Strahan, P. (1996). Small business lending and bank consolidation: Is there cause for concern? . *Current issues in Economics and Finance*, 2 (3).

[97] Yildirim, H. S., Akci, Y. and Eksi, I. H. (2013). The effect of firm

characteristics in accessing credit for SMEs. *Journal of Financial Services Marketing*, 18 (1): 40 – 52.

[98] Zhang Xiao-mei, Zhuo-lin Song, Zhen Zhong (2016). Does "small bank advantage" really exist? Evidence from China, International Review of Economics and Finance, 2016 (42): 368 – 384.

后　　记

我人生中的第一本专著终于问世了。没有想象中的兴奋，只有点滴积累的喜悦；没有大功告成的结束感，只有继续学习的新打算。此刻，最想诠释的就是我的感恩之心。一路走来，太多人给我关心，给我鼓励，是他们对我的爱让我一直走下去。特别感谢中央财经大学的史建平教授，从他身上学到的不仅仅的是对科研的严谨，更多的还有对工作的认真，对生活的热爱，对学生的关心，以及一种态度——“大道至简”。我希望我能成为像他那样的人。

感谢我的父母，伟大纯洁毫无保留的爱；他们善良真诚，勤劳节俭，影响着我的一生。感谢我挚爱的三姐，写作期间恰逢孩子年幼，是三姐的悉心照顾和甘愿付出，我才能得以安心写作。感谢传授给我知识的所有老师，教书育人无私奉献；感谢我的爱人，默默支持相濡以沫；感谢我的孩子，天真纯洁，给我带来了无限的幸福和快乐；感谢我的同事们，相互探讨问题，无私提供各种帮助和支持，感谢爱我的和我爱的所有人。

最后，感谢经济科学出版社的编辑为本书的出版付出的辛勤劳动。是她们的认真负责，一丝不苟，反复校稿，才得以本书的出版顺利完成。另外，本书也受到了内蒙古社会科学基金青年项目的资助，一并表示衷心感谢。

在写作过程中，获得的不仅仅是学识的深入，我想更多的也许是内心的成长。对知识的理解和专注需要时间和精力的不断投入，需要抵抗独自走夜路的恐惧和彷徨，需要内心的笃定和绝不轻言放弃的毅力……这些心路历程，伴我走过每一个遇到的难题。来时疑惑，去时洒脱。现在突然开始期待起我的第二部专著了。

我相信，只要今天好好努力，明天一定比今天更美好。

作　者

2018 年 11 月